Amida

Amida

Las Enseñanzas del Budismo Tendai Tierra Pura

Myoren

Publicado por Hikari Publishing.

Impreso en los Estados Unidos por CreateSpace.

Derechos de Autor

Amida: Las Enseñanzas del Budismo Tendai Tierra Pura.
Primera Edición: 2016.

ISBN-13: **978-1533431158**
ISBN-10: **1533431159**

Para María del Pilar y

Para todos los seres del Universo, quienes han sido mis padres, mis madres y mi razón para lograr todo esto.

Que todos renazcamos en la Tierra de la Felicidad. Del Buda Amida.

Respeto

Es costumbre el tratar propiamente los libros que tengan que ver con el Dharma, o las enseñanzas Budistas, pues nos muestran el camino a no caer en los mundos bajos y nos enseña el camino fuera de los fuegos del Samsara.

Por eso, es tradición el no colocarlos en el piso, el no descuidarlos y el tratarlos con un alto respeto; no es bueno que los toquemos con las manos sucias.

El Buda Amida

Namu Amida Butsu

Tabla de Contenido

Prefacio

Me llena de alegría y jubilo el poder llevar al mundo este libro. El Budismo Tendai Tierra Pura se ha convertido en mi zapata espiritual, y ha llegado a darme un sentido de paz y gratitud jamás antes experimentado en mi vida.

A veces me pregunto qué me ha llevado tan lejos en mi vida. Siempre he sentido que hay algo más grande que yo, algo más importante y abarcador, que lo cubre todo, y le brinda un sentimiento de propósito. Aunque fui criado en un colegio católico, nunca pude reconciliar los dogmas cristianos con mi propia experiencia y lógica. Aun así, siempre hubo algo que guio mis pasos hacia donde debía de ir. Esta presencia la pude sentir en los momentos más calmados de una tarde tibia y tranquila; en esos momentos que la luna llena ilumina tímidamente el cuarto a través de la ventana. Siempre me he preguntado, ¿Qué es ese poder?

Todos partimos del infinito a lo finito. Venimos al mundo de un mundo más allá de nuestras concepciones, y venimos sin instrucciones ni manuales para esta experiencia temporal que llamamos vida.

No todo siempre es de color de rosa. Venimos al mundo solos, a través de un túnel oscuro y tibio, y morimos solos. No importa cuanta gente te rodee toda la vida; no importa quienes estén a tu lado en esos últimos momentos, la realidad es que todos tenemos que partir de este mundo solos. Llegamos al mundo llorando, y dejamos a muchos llorando. Siempre es bueno pensar que hay alguien esperándote del otro lado. Esto me ha obligado a preguntarme, ¿Por qué estamos aquí? ¿A dónde vamos?

Nuestra existencia tiene un propósito. Puede que no lo veamos ahora. Muchos logran encontrar su propósito en vida a los 20 años, otros a los 35, otros a los 50; otros ni siguiera lo encuentran. Es ese sentimiento de vacío, ese sentimiento de ir a la deriva por el mundo, sin un norte fijo, sin metas que cumplir, sin algo que haga tu vida algo valioso para otros, lo que tiene a la sociedad actual sumida en la miseria y en la soledad.

Vivimos en una era donde la tecnología nos ha conectado de maneras que jamás haríamos podido imaginar posibles fuera de la ciencia ficción; y sin embargo, jamás nos hemos sentido más solos. No vemos que ese mismo aparato electrónico que nos conecta con el mundo entero es el mismo vehículo que nos está llevando a la desolación social.

En esta era e la información, el ser ignorante de las leyes del universo es una elección. Aun así, no todos despiertan la iniciativa de buscar un propósito en su vida. El futuro de muchos jóvenes es como una nube negra que oscurece su presente. Muchos podemos decir con certeza que el pasado ejerce una influencia sobre el presente; o que le presente ejerce una influencia sobre el pasado. Pero yo puedo decirles que el futuro puede también ejercer una influencia, positiva o negativa, sobre el presente.

El no conocer tu propósito en la vida puede hacerte varar por el mundo, sin sentido ni norte a seguir. Es precisamente la falta de interés en las preguntas ternas de la humanidad: ¿Por qué estoy aquí? ¿De dónde venimos? ¿A dónde vamos? ¿Cuál es el propósito de todo?, lo que hace que la oscuridad, el caos y la confusión reinen como nunca antes habían reinado.

Existen muchas religiones y filosofías que contestan estas preguntas. Ante este variado panorama, es entendible que la persona común se sienta intimidada ante la inmensa cantidad de información que tiene que descubrir y dominar para sentar las bases sobre lo que será su sentido de pertenencia y compromiso para con sí mismo, con su sociedad, y con el mundo.

Ante un panorama similar, hace más de 2,500 años, surgió una de las religiones más seguidas y estudiadas del mundo: el Budismo. El Budismo surge a partir de las enseñanzas y experiencias de un joven príncipe que decide abandonarlo todo: riquezas, un reino, un trono y una familia amorosa, para ir en búsqueda de la verdad, para ir en búsqueda de un camino que lo condujera más allá de las ilusiones temporales de este mundo.

Desde que el humano tiene uso de razón, el mundo ha estado plagado de miseria, dolor y sufrimiento. Nadie puede escapar los cuatro sufrimientos: el nacimiento, la enfermedad, la vejez y la muerte. Desde el comienzo de la civilización humana, ha existido la desigualdad social. El ser humano es una criatura egoísta y dada a pasiones ciegas desde su nacimiento, y no se puede soltar fácilmente de las garras de la codicia, el enojo y la ignorancia. Sin instrucción, seriamos bestias sin ningún tipo de orden social y ético. El ms fuerte aplasta al más débil, en una cadena interminable de dolor y tristeza. Uno solo puede preguntarse, ¿acaso no hay justicia en este mundo?

Las religiones monoteístas tratan de contestar esta pregunta con la figura de un dios varón, que con sabiduría y mano dura, repartirá justicia al final de nuestras vidas, repartiendo a cada uno lo merecido de acuerdo a su comportamiento en vida, llevando a los devotos al cielo, y castigando a los pecadores con el infierno eterno. Pero este entendimiento de la ley de causalidad ha traído más problemas que soluciones. El machismo, la violencia étnica y cultural, la destrucción de los disidentes de conciencia, el uso de la fuerza, las guerras; son muchísimos los ejemplos de los males que una teología como esta han generado a nuestra humanidad compartida.

Es ante un panorama similar que el Budismo surge en la India. El Príncipe Siddhartha juró encontrar un camino que nos liberara del caos y del sufrimiento que ha imperado en nuestras vidas. Lo encontró y se convirtió en el Buda. Sus enseñanzas y prácticas han ayudados a que miles de personas encuentren la paz en medio del caos y la confusión. Y estas enseñanzas están disponibles hoy para todos.

Estas prácticas estaban ideadas para personas que pudieran dejarlo todo atrás: hogar, familia, empleo y posesiones, para seguir una rutina ardua de prácticas meditativas que conducen al despertar. Así, se crearon las comunidades monásticas que vemos hoy día. Pero esto creó una brecha muy grande entre los que podían darse casi el lujo de abandonar sus hogares, familias y empleos, y obtener la liberación, y los que tenían obligaciones muy fuertes para con sus familias y sus sustentos, y no podían abandonarlos a su suerte para seguir un deseo que parecería para muchos egoísta.

El Buda supo todo esto desde el principio y delineó un camino espiritual especial para todos nosotros que no podemos dejar atrás nuestros hogares, quienes tenemos personas y familiares que dependen de nuestro sustento y tiempo para vivir, quienes no podemos darnos el lujo de abandonar nuestros empleos, hogares y familias, a quienes le debemos tanto.

Es para personas ocupadas como nosotros que el Buda predicó el Dharma de Amida. El Dharma del Buda Amida está preparado para que todos nosotros, sin importar nuestra ocupación y estilo de vida podamos experimentar esa sensación de paz y júbilo que experimentan los meditadores avanzados.

Prepárate para transportarte conmigo a un mundo donde no existe el caos, la confusión, el odio, las guerras, la ignorancia ni el dolor. Este es un estado que nos depara a todos aquellos que depositemos nuestra fe y confianza en el Buda Amida.

Veamos ahora qué es el Budismo Tendai Tierra Pura y qué el Buda Amida tiene reservado especialmente para ti.

Rev. Myoren
Abad del Templo Tendai de Puerto rico

Introducción

De todos los Budas del extenso panteón del Budismo Mahayana, el Buda Amitabha, conocido como Amito en China o Amida en Japón, es quizás el más reverenciado de todos ellos. Es objeto de veneración en muchas tradiciones budistas, pero es de importancia especial en las escuelas de la Tierra Pura.

Un día, el Buda histórico explicó a su discípulo Shariputra las bendiciones y virtudes del Buda Amida y su Tierra Pura en lo que se conoce como el Sutra de Amida, uno de los Tres Sutras de la Tierra Pura. Según este Sutra, el Buda Amida, el Buda la Luz Infinita, expone sus enseñanzas a muchos seres en un paraíso llamado Sukhavati, el paraíso occidental o del oeste.

Cuentan los Sutras que en un tiempo anterior, un discípulo le dijo a su maestro que si él un día alcanzaba la iluminación, y por lo tanto se convertía en un Buda, construiría una nueva tierra —la Tierra Pura- donde los seres humanos podrían esperar gozosos y alcanzar su propia iluminación. Este discípulo juró que renunciaría a su propia iluminación, si cualquiera de los seres que confiando en él, y le tuvieran presente en su pensamiento a la hora de la muerte, no renacieran inmediatamente en su Tierra Pura. Éstas fueron sus palabras, según están recogidas en los Sutras: "Aun cuando yo consiga convertirme en Buda, si aquellos que creen en mí, y llegaran a expresar en su última hora, el deseo de renacer en mi Tierra Pura y no renacieran en ella, yo no alcanzaría el Despertar, dicho de otro modo: renunciaría a convertirme en un Buda".

Según la tradición, Dharmakara, que era el nombre de ése discípulo, alcanzó efectivamente la iluminación, y hoy en día es adorado en muchos universos del extremo oriente como el Buda de la Luz y Vida Infinita: el Buda Amida. Veamos ahora brevemente el desarrollo histórico del Budismo Tierra Pura.

India

Según recientes investigaciones, en los años iniciales del desarrollo del Budismo Mahayana, se desarrolló la idea de que los Budas, en lugar de extinguirse, permanecían activos en el universo para ayudar a los seres que se encuentran atrapados en el sufrimiento. Los lugares en que permanecerían debían reflejar la pureza de su propia sabiduría, y de ahí la idea de la Tierra Pura (Budhaksetra en sánscrito). Poco después, un Buda particular, Amida, se cristalizó especialmente en la conciencia popular, pasando a ser el Buda más popular. Es por eso que cuando hablamos de Budismo Tierra Pura, nos referimos exclusivamente al Buda Amida y el renacimiento en su Tierra Pura.

Se dice que en cierta ocasión, el Buda histórico explicó a su Discípulo Shariputra las bendiciones y virtudes del Buda Amida y su Tierra Pura en lo que se conoce como el Sutra de Amida. Según este Sutra, Amida, el Buda de la Luz Infinita, expone sus enseñanzas a millones de seres en su Tierra Pura, un paraíso llamado Sukhavati, la Tierra Pura de la Felicidad.

Durante la vida del Buda Shakyamuni, sus discípulos podían obtener respuestas a sus preguntas directamente de él. Pero cuando el Buda se liberó de la existencia, sus seguidores no tenían manera de consultarle directamente o de cuidar de su cuerpo físico. Por ello, se elaboró un sistema para contemplar al Buda en sus mentes, mediante la visualización de los Budas de las diez direcciones, que eran visualizados tan claramente en sus mentes así como vemos las estrellas en la noche. A partir de ahí se generó una práctica de recitación del nombre del Buda. La idea central de repetir su nombre era la fe en renacer en la Tierra Pura del Buda.

China

Al mismo tiempo que el Budismo Mahayana se estaba estableciendo, la tradición de la Tierra Pura surgió en India en el primer siglo antes de esta era. Quedan pocos materiales históricos sustantivos, pero las escrituras de esta tradición (que se conocerían más tarde como los Tres Sutras de la Tierra Pura) aparecieron durante el periodo inicial del movimiento Mahayana. Dos de ellos son de origen indio y datan de alrededor del Siglo I A.E.C. El tercer Sutra, datando alrededor del Siglo IV, solo existe en su versión china.

La primera aparición de una creencia basada en el Buda Amida en China, surge en 179 E.C., cuando Lokakema tradujo el Pratyutpanna Sutra. Basado en este texto, el monje Hui Yuan (334-416), reunió a un grupo de 123 estudiosos del templo Tung Li practicando la visualización de Amitabha juntos, con la intención de renacer en la Tierra Pura. Su énfasis era en la visualización y no en la repetición del nombre del Buda. El grupo de Hui-Yuan se convirtió con el paso de los siglos en la Escuela del Loto Blanco.

Alrededor del Siglo IV, la Tierra Pura se estaba difundiendo a través de China en varias manifestaciones. Para el Siglo V, más de doscientos textos budistas mencionan el nombre de Amida como la fuente de poder para liberar a los seres sintientes de los lazos del sufrimiento. El gran Patriarca chino Chih-i, fundador de la escuela T'ien T'ai, hizo uso de la visualización del Buda Amida y su Tierra Pura, mientras se recita su Nombre, como parte integral de su escuela, sus prácticas y sus enseñanzas.

El Nembutsu recitado, fue la práctica preferida en las escuelas de la Tierra Pura en China (Jingtu), donde se combinaba con la meditación y las visualizaciones de la Tierra Pura de Sukhavati. Esta práctica era la preferida del pueblo debido a su carácter simple y fácil. Esta práctica permitía alcanzar el Nienfo Samadhi, encontrar al Buda y renacer en la Tierra Pura. Se utilizaba al Buda como objeto de contemplación de modo que esa contemplación pudiera ser alcanzada. En la concepción de Hui-Yuan existe una Tierra Pura de los fenómenos (una especie de tierra de recompensa temporal) y una Tierra Pura del Noumena o una verdadera Tierra Pura del Buda, que se alcanzaría a partir de la anterior.

En la dinastía china Tang, el maestro Hui-Jih (680-748) retomó el renacimiento en la Tierra Pura del Buda recitando el nombre del Buda. Hui-Jih consideraba que el Chan y la Tierra Pura debían practicarse conjuntamente con la aspiración a renacer en la Tierra Pura.

La veneración a Amida en China cobró tal importancia que desplazó, a partir del Siglo VII, la veneración mayoritaria que había hacia el Buda Shakyamuni. Muchos estudiosos y pensadores en China establecieron una línea sincrética según la cual, las enseñanzas de la Tierra Pura fueron compasivamente dadas por el Buda para los seres que sufrían y que no tenían el tiempo, la inclinación o el talento para seguir el camino hacia la iluminación en esta vida. Una vez renacieran en la Tierra Pura, entonces estarían en perfectas condiciones para alcanzar la iluminación. En ese momento realizarían que la Tierra Pura no era sino el mundo del sufrimiento, pero visto desde una perspectiva correcta y sabia. Se empleaban enseñanzas dualistas sólo como medio hábil para alcanzar el objetivo final.

Tras la persecución china al Budismo durante el año 845 E.C., solo unas pocas escuelas budistas permanecieron viables en China: la Chan y la Tierra Pura, debido a su portabilidad e independencia de los poderes políticos y económicos, y la escuela Tien-Tai por su identificación con el poder. En la dinastía Sung (960-1279), aparecen por primera sociedades de recitación a gran escala con miles de miembros.

También se desarrolló la práctica conjunta Chan-Tierra Pura por el maestro Yüng-ming Yen-shou (904-975). Siglos después, esto condujo a la práctica Nien-fo Kung-an (o Nembutsu en japonés) promovida por Chung-fang Ming-pen (1262-1323), en la que el practicante, mientras recitaba el nombre de Amida periódicamente, reflexionaba: ¿quién es el que recita el nombre del Buda? Otros maestros, sin embargo, se resistieron al sincretismo e insistieron en mantener la integridad de la práctica de la Tierra Pura; por ejemplo, Yin-kuang (1861-1940), estaba en contra de cualquier lectura psicológica del pensamiento de la Tierra Pura y defendía la autosuficiencia de la práctica y la existencia literal de una Tierra Pura.

Aunque la práctica de la Tierra Pura en China se suele denominar el camino fácil - en relación a los caminos difíciles de otras prácticas budistas convencionales de su tiempo - en realidad la práctica concebida por los maestros chinos distaba mucho de ser fácil.

Al contrario, en Japón, donde sólo el mencionar el nombre de Amida aseguraba su renacimiento en la Tierra Pura, la tradición china siempre defendió una constante búsqueda de la purificación y y visualización de la Tierra Pura y el Buda. El fin último era que en el momento de la muerte, se tuviera la mente enfocada en Amida y su Tierra Pura. Un descuido en ese momento podría anular los resultados de años de práctica y causar el regreso al Samsara.

Los budistas chinos aceptan que la práctica de la Tierra Pura es como una póliza de seguro para alcanzar la iluminación independientemente de la práctica concreta que se siga. La Tierra Pura en China nunca constituyó una escuela independiente de otras escuelas. En China, la Tierra Pura era una propiedad común de todos los budistas chinos. Estrictamente hablando, no hay una escuela de la Tierra Pura en China, con una sede, con escrituras específicas y comentarios, y un linaje continuo de maestros y discípulos.

En China, no se consideraba que el esfuerzo personal no tuviera importancia, a diferencia de la evolución que luego acaeció en Japón (S. XII), donde se propuso la dependencia total en el poder de Amida ("el Poder de lo Otro" o "Tariki").

La tesis del Budismo de la Tierra Pura en China sería la equivalente a la acción de un escalador (uno pone su motivación y aspiración al servicio de generar Bodhicitta). Sin embargo la visión de la Tierra Pura en Japón sería asimilable a la acción de un ascensor (a uno le suben o ascienden).

Japón

Fue en el siglo sexto que el Budismo fue introducido a Japón, y con este los Tres Sutras de la Tierra Pura. Monjes y monjas se sintieron gradualmente atraídos a las prácticas devocionales de la Tierra Pura, al encontrar que sus otras prácticas no les llenaban ni les proveían de consuelo espiritual.

Al mismo tiempo, la población en general se encontraba de hecho excluida del Camino porque el Budismo se había vuelto esencialmente elitista, un camino seguido por la nobleza y el monacato de la época.

La escuela budista japonesa que comenzó la devoción especial al Buda Amida y su Tierra Pura fue la escuela Tendai, fundada por Saicho, mejor conocido como Dengyo Daishi – el Gran Maestro de la Enseñanza Perfecta.

El Budismo Tierra Pura dentro de la escuela Tendai tiene su génesis en el Budismo Tiantai chino. El Maestro Chih-i (Tendai Daishi) incorporó elementos Tierra Pura a la práxis de la escuela. Ya para el Siglo VIII, los elementos Tierra Pura habían desplazado las rigurosas prácticas del Bodhisattva establecidas por Chih-i para los monjes, representando una alternativa "fácil" a los métodos tradicionales Tiantai. Dos escritos influenciaron enormemente la doctrina y la práxis Tierra Pura dentro del Tiantai: el Comentario de Chih-i sobre el

Sutra de la Meditación sobre el Buda Amida, y Diez Dudas sobre la Tierra Pura, el cual hemos visto anteriormente.

La escuela Tendai fue establecida por Saicho (Dengyo Daishi). Para legitimizar las enseñanzas Tendai en Japón, Saicho partió a China con sanción imperial a profundizar en la doctrina Tiantai. En ese tiempo, el monte Tiantai se encontraba arropada por una gran piedad al Budismo Tierra Pura, y entre los documentos que Saicho trajo de China se encontraban los dos textos fundamentales del Budismo Tierra Pura Tiantai.

La tradición japonesa Tendai continuó la tendencia sincretista practicada por la tradición Tiantai China y la mayoría de las escuelas del Budismo chino. Fundamentándose en la doctrina central de la "Enseñanza Perfecta del Buda basada en el Sutra del Loto" (Jp. Hokke-Engyo), el Budismo Tendai incorpora las enseñanzas Esotéricas, los Preceptos, Tierra Pura y el Chan (Jp. Zen).

El fundador de la escuela japonesa Tendai, Saicho (767-822), hizo una peregrinación a China y recibió la transmisión en estas escuelas. Luego formó una nueva doctrina basada en la fusión de estas doctrinas y lo llamó el Vehículo Unico del Loto (Hokke-ichijo). Al establecer su centro en el Monte Hiei, Saicho estableció dos cursos diferentes de estudio y práctica: uno basado en las enseñanzas tántricas (Shanago), el otro basado en Hokke-Engyo, la Enseñanza Perfecta del Buda basada en el Sutra del Loto y en las enseñanzas Tiantai (Shikango). Ambos cursos se basan en el mismo conjunto de Preceptos del Bodhisattva que Saicho había recibido en China. Mientras que el uso de las enseñanzas Chan fue disminuyendo poco después de la muerte de Saicho, la influencia de las enseñanzas de la Tierra Pura creció. Se desarrollaron prácticas rituales que empleaban al

14

Buda Amida como un objeto de culto; y la práctica Tendai basada en el Sutra del Loto también se entremezcló con la práctica del Nembutsu, que en este contexto se refiere a la visualización y la meditación en el Buda Amida.

Ennin (794-864), discípulo de Saicho, continuó esta tendencia cuando fue a China para estudiar con Fa-chao en el Monte Wu-t'ai, y trajo de vuelta a Japón una práctica especial de recitación del Nembutsu en cinco tonos. Esta práctica fue incorporada a la práctica del "Samadhi Constantemente Caminando" (Jogyo zanmai), una meditación caminando de noventa días de la escuela Tendai en el que el practicante circunvala una imagen de Amida mientras recita el Nembutsu para visualizar el Buda Amida. Hoy día, los monjes Tendai recitan el Sutra del Loto en la mañana y realizan prácticas relacionadas con el Nembutsu por la noche. Esta fue la forma básica de la práctica religiosa en el Monte Hiei durante el período Heian (794 -1192).

En el Siglo X, Ryogen (912-985) se convirtió en el abad (Zasu) del Monte Hiei. Entre sus obras encontramos el "Gokuraku jodo kuhon ojogi" que discute la idea de que el nacimiento en la Tierra Pura se divide en nueve niveles de acuerdo al nivel de la capacidad de los practicantes. Esta obra está basada en el comentario escrito por Chih-i sobre el Sutra de la Meditación en el Buda Amida. Otro de los discípulos de Ryogen, Genshin (942-1017), escribió el Ojoyoshu (Fundamentos para el Renacimiento en la Tierra Pura), probablemente la obra más influyente sobre el Budismo de la Tierra Pura escrito durante el período Heian. El Ojoyoshu, el cual analizaremos prontamente, toma el Budismo Tierra Pura Tendai [que se basa en la doctrina de la Iluminación Original - Hongaku Shiso] como su base, pero también incorpora ideas chinas Tierra Pura de Tao-ch'o y Shan-tao. Genshin consideraba el Nembutsu contemplativo acompañado de la visualización del Buda Amida y la Tierra Pura superior al Nembutsu que consistía en el simple recitación del nombre del Buda. De esta manera, se mantuvo dentro de la tradición Tendai y exhortó la práctica de la Tierra Pura como un complemento a las otras prácticas Tendai.

Al final del período Heian, tras la muerte de Genshin, un monje Tendai llamado Ryonin (1073-1132) viajó por todo el país predicando los grandes méritos del Nembutsu. La afirmación central de la enseñanza de Ryonin era que el Nembutsu recitado por una persona beneficia a todas las personas. Después de estudiar la doctrina Tendai en Onjoji y en Ohara durante 29 años, recibió el entendimiento de que "una persona es toda la gente, y toda la gente es una persona; una práctica es todas las prácticas, todas las prácticas son una práctica" (es decir, "Todo en uno, uno en todo") y a partir de entonces estableció la secta del Yuzu Nembutsu. Yuzu (circulante) aquí significa que la propia recitación del Nembutsu influye en todos los demás y recitación del Nembutsu de las otras personas influye en uno mismo, y que ambos interactúan para ayudar a lograr el nacimiento de todos en la Tierra Pura.

De tal manera, el pensamiento de la Tierra Pura y la práctica Tendai se fusionaron en las cuatro enseñanzas del Hokke-Engyo, el Mikkyo (Esoterismo-Tantrismo), los Preceptos, y el Zen. Estas cinco enseñanzas se fusionaron en la enseñanza de los tres vehículos unidos como uno: el Vehículo Único del Sutra del Loto (Jp. Ichijo-kai-e; Sk. Ekayana). Esto es lo que hace única a la escuela Tendai japonesa.

* * *

16

La idea principal detrás del Budismo de la Tierra Pura era la creencia de que el mundo budista estaba en deterioro, y que el Nirvana había llegado a ser cada vez más difícil de alcanzar por la gente común. Como consecuencia, en lugar de un trabajo meditativo con el objetivo de la Iluminación, el Budismo de la Tierra Pura enseña que a través de la devoción al Buda Amida, uno puede renacer en la Tierra Pura, donde la iluminación está garantizada. El Budismo de la Tierra Pura era popular entre los plebeyos y los monásticos, ya que proporcionaba un método sencillo de expresar la fe como seguidor del Buda. En el Japón medieval, también fue popular entre los excluidos por la sociedad, tales como prostitutas y mendigos, a los que frecuentemente se les denegaban servicios espirituales por parte de la sociedad, pero que podían encontrar una práctica religiosa efectiva a través de la adoración al Buda Amida.

Aunque el Buda Amida es mencionado en varios Sutras budistas, el Sukhavativyuha es considerado frecuentemente como el más importante. En este Sutra, el Buda describe a su ayudante, Ananda, como Amida, un avanzado monje llamado Dharmakara, hizo un gran número de votos para salvar a todos los seres, y a través de su gran mérito, creó un reino llamado la Tierra de la Felicidad (Sukhavati). Este paraíso acabaría siendo conocido como la Tierra Pura en la traducción china.

Por tanto, los seguidores creen que el Buda Amida ofrece una práctica alternativa para alcanzar la Iluminación. En el pensamiento del Budismo de la Tierra Pura, la Iluminación es difícil de obtener sin la ayuda del Buda Amida, debido a que la gente vive ahora en una era deteriorada, conocida como la Edad del deterioro del Dharma. En lugar de un trabajo de meditación solitario con el objetivo de la iluminación, el Budismo de la

17

Tierra Pura enseña que la devoción al Buda Amida lleva a uno a la Tierra Pura, desde la cual la iluminación estará garantizada.

En la cultura medieval del este asiático, esta creencia fue particularmente popular entre campesinos y gente que era considerada "impura", tal como cazadores, pescadores, prostitutas, etc. El Budismo de la Tierra Pura ofrecía una forma de práctica budista para aquellos que no eran capaces de practicar de otras formas. Se cree, que si los practicantes cantan el nombre del Nembutsu, cuando su vida actual llega al final, pueden ser recibidos por el Buda Amida. En el Sutra Sukhavativyuha, Amida realiza 48 votos, estableciendo en el voto decimoctavo que garantizará el renacimiento en su Tierra Pura a cualquiera que pueda recitar su nombre 10 veces. Esta sencilla forma de veneración ha contribuido en gran medida a su popularidad en el este asiático.

Otra práctica alternativa que se encuentra en el Budismo de la Tierra Pura es la meditación o la contemplación de Amida y/o su Tierra Pura. Las bases para ello se encuentran en el Sutra de la Contemplación, donde el Buda describe a la reina Vaidehi, el aspecto de Amida y cómo meditar en él. Las prácticas de visualización de Amida son más populares entre las prácticas esotéricas del Budismo, tales como el Budismo Tendai y Shingon japonés, mientras que el Nembutsu es más popular entre seguidores laicos.

Para renacer en la Tierra Pura del Buda Amida, lo que se necesita es tener mucha fe en el Buda y sentir gratitud por su esfuerzo salvador. Cuando surge esa fe, muere el ego, y todos los deseos y las ilusiones que nos atormentan se convierten en la iluminación. Cuando se habla de "fe", no nos referimos a que nosotros alcanzamos la misma a través de nuestros propios esfuerzos – aunque debemos de esforzarnos por practicar diariamente. La fe (en japonés Shinjin) implica una entrega y confianza total. Ésta no puede provenir del individuo egoísta e impuro. En ese sentido la fe del Budismo Tierra Pura es muy difícil. El ego siempre es egoísta y, por lo tanto, es muy complicado hacer que se entregue por completo. Es "lo más difícil entre lo difícil". No obstante, en otro sentido, no tiene nada de laborioso, ya que uno en realidad no tiene que hacer nada. La fe, en este sentido, es la acción del mismo Amida que resplandece en nuestro interior.

Genshin y el Ojoyoshu

Genshin (源信; 942 - 1017), fue el más influyente de una serie de estudiosos Tendai activos durante los siglos X y XI en Japón. Genshin, o como se le llama a menudo, Eishin Sözü, el abad de Eishin, nació en un pequeño pueblo de la provincia de Yamato en el año 942 EC. Genshin perdió a su padre cuando tenía sólo siete. Al parecer, esto causó una profunda impresión en la mente de este muchacho precoz. Su madre parece haber sido una mujer de profunda piedad y su influencia sobre el niño fue un factor influenciante en su carrera espiritual. Al parecer, poco después de la muerte de su padre, fue enviado fuera de casa para estudiar en el gran centro Tendai en el Monte Hiei. Se dice que la madre en esta ocasión le dijo: "No veréis mi rostro hasta que te hayas convertido en un sacerdote famoso en el mundo", y luego le dio un libro envuelto en seda: una copia del Amidakyo (el Sutra pequeño Sukhavati-vyuha), diciendo: "Esto es lo que su padre solía leer. Ahora te lo doy. Léelo y predica la alegría que contiene".

Genshin fue un clérigo élite que defendía la doctrina de la devoción al Buda Amida, que enseñaba que debido a que

Japón se creía que había entrado en Mappo, la "era degenerada" de la "última ley," la única esperanza de salvación residía en la confianza en el poder de Amitabha. Otras doctrinas, según él, no podían ayudar a un individuo porque dependían en el "Poder Propio" (Jiriki), que no puede prevalecer durante el caos de la era degenerada, cuando es necesario el "Otro Poder" (Tariki). En su acercamiento a renacer en la Tierra Pura, Genshin enfatizó las prácticas de la visualización del Buda Amida y su Tierra Pura, aunque también favoreció el recitar el Nembutsu (el Nombre del Buda Amida – Namu Amida Butsu). La doctrina de Genshin se documenta en su obra magna, el Ōjōyōshū (往生 要 集 "Fundamentos para el Renacimiento en la Tierra Pura").

En la escuela Jodo Shinshu se le considera el Sexto Patriarca. Genshin es reconocido como el fundador del linaje Tendai Enshin, y por propugnar la doctrina de la "Iluminación Original" o Hongaku (本 覚).

El Ōjōyōshū (往生 要 集, "Fundamentos para el Renacimiento en la Tierra Pura") fue un texto budista medieval influyente compuesto en 985 por el monje budista japonés Genshin. Consistiendo en tres volúmenes de longitud y en prosa kanbun, el texto expone la doctrina Tierra Pura budista, con énfasis en los métodos para lograr el renacimiento en la Tierra Pura del Buda Amida, basándose en textos budistas anteriores, como el Sutra de la Contemplación. Genshin enfatizó las prácticas de visualización, pero igualmente expuso sobre la eficacia de la recitación del Nembutsu. El texto es también conocido por sus descripciones gráficas de los reinos del infierno, y los sufrimientos que se podrían sufrir por los actos perjudiciales cometidos en esta vida. Su influencia se puede ver en las pinturas budistas japoneses y otros textos. El fundador del Budismo Shinshū Jōdo, Shinran, escribió un comentario influyente sobre el Ōjōyōshū titulado "Notas sobre los Fundamentos del Renacimiento", mientras que el fundador del Budismo Jodo Shu, Hōnen, encontró por primera vez las enseñanzas de la Tierra Pura después de estudiar los escritos de Genshin.

En 986, una copia del Ōjōyōshū fue enviada a China, donde impresionó a los monjes lo suficiente para llamar a Genshin el "Pequeño Shakyamuni".

En el primer capítulo, "Abandonando el Reino Contaminado" (Onri Edo 厭離 穢土), se detallan los Seis Caminos del Samsara (Rokudo 六道) o los Reinos de la Transmigración, y se describe con gran detalle el sufrimiento encontrado por los seres allí. Los Seis Caminos son: (1) el reino del infierno, (2) el reino de los fantasmas hambrientos (gaki 餓鬼), (3) el reino de los animales, (4) el reino de los espíritus de lucha (asura 阿修羅), (5) el reino de los seres humanos, y (6) el reino de los seres celestiales. Es en el primero de estas seis secciones que encontramos los pasajes más famosos del Ōjōyōshū, una representación gráfica de las distintas torturas infligidas en el infierno. Retomando a su vez cada uno de los ocho infiernos subterráneos de la cosmología budista, Genshin describe cómo los seres se encuentran continuamente atormentados siendo picados, aplastados, perforados, hervidos, y quemados por los demonios, los animales y los fenómenos naturales de esos reinos. Pero el sufrimiento experimentado por estos seres no son inmerecidos; de acuerdo con las leyes del karma, el dolor infligido a los seres en el infierno se entiende como una retribución por las malas acciones realizadas en el pasado. Sin embargo, no sólo los seres del infierno están sujetos al dolor y la angustia. Adoptando una posición budista ortodoxa, Genshin argumenta que todos los reinos de la existencia dentro de los Seis Caminos se caracterizan por el sufrimiento. Por ejemplo, Genshin describe la existencia humana como una marcada por la impureza, el sufrimiento y la impermanencia, y llega a la conclusión de que la vida como ser humano es altamente insatisfactoria, un calvario que debe de ser rechazado y abandonado de inmediato. Incluso la existencia como un ser celestial está llena de sufrimiento. Esto es porque, a pesar de que los seres celestiales pueden disfrutar de placeres exquisitos durante sus largas vidas, finalmente fallecen y renacer en otro reino.

Por lo tanto, Genshin concluye que la verdadera paz mental es imposible siempre y cuando uno esté dentro de los Seis Caminos. La verdadera felicidad sólo se puede obtener trascendiendo los Seis Caminos y logrando el renacimiento en la Tierra Pura del Buda Amida.

En el segundo capítulo, "Anhelando la Tierra Pura" (Gongu Jōdo 欣求浄土), Genshin enumera los diez placeres que disfrutan los seres en la Tierra Pura con el fin de instar a sus lectores a buscar su luz allí. Significativamente, aunque Genshin no niega los diversos placeres sensuales y materiales de la Tierra Pura (por ejemplo, explica que la Tierra Pura es más agradable a la vista), subraya los aspectos de la Tierra Pura que nutren la fe y la visión del Dharma budista. De esta manera, en los dos primeros capítulos de la Ōjōyōshū, Genshin contrasta el sufrimiento de la existencia dentro de los Seis Caminos con las condiciones dichosas en la Tierra Pura del Buda. Su objetivo es demostrar que uno no debe aferrarse a este miserable mundo de la transmigración, y convencer a los lectores de que la salvación sólo es posible a través del renacimiento en la Tierra Pura. Por lo tanto, después de un breve tercer capítulo argumentando a favor de la superioridad de la búsqueda de la luz en la Tierra Pura del Buda Amida vis-à-vis las Tierras de los otros Budas y Maitreya (el futuro Buda), Genshin hace un análisis del Nembutsu, que según él es el centro de la práctica para alcanzar el renacimiento en el reino de Amida.

La mayor parte del Ōjōyōshū (capítulos cuatro a diez) está dedicado a un análisis detallado y sistemático del Nembutsu y las formas adecuadas para la práctica el mismo. La sección más importante es el cuarto capítulo, "La Práctica Eficaz del Nembutsu" (Shoshu Nembutsu 正修念佛) en el que Genshin explica la manera correcta de practicar el Nembutsu. Reflejando la praxis ortodoxa de la meditación en la secta Tendai, Genshin define el Nembutsu principalmente como la práctica de la visualización, mientras se permanece en un estado de Samadhi, de la figura del Buda Amida (o más específicamente, de las marcas de Amida, o rasgos distintivos que, según la iconografía budista, adornan los cuerpos de todos los Budas). Sin embargo, para aquellos que son incapaces de llevar a cabo esta práctica compleja, Genshin recomienda las formas más simples de la visualización de Amida, incluyendo la práctica de visualizar el mechón de pelo blanco entre sus cejas, y la luz salvífica que emana de ellas. Finalmente, para aquellas personas que se sienten incapaces de esta empresa, Genshin recomienda la recitación del Nembutsu, "Namu Amida Butsu", citando la el Sutra de la Contemplación, que declara que, incluso la gente malvada puede ganar su luz en la Tierra Pura simplemente llamando el nombre del Buda Amida diez veces en su lecho de muerte.

De esta manera, Genshin sostiene que el Nembutsu meditativo es la forma superior de Nembutsu, pero también reconoce el Nembutsu recitativo como un medio legítimo para la consecución del renacimiento en la Tierra Pura.

Para repetir, la preocupación central de Genshin en el Ōjōyōshū era presentar un esquema sistemático y teórico de la práctica de la Tierra Pura de tal manera que todas las personas pudieran lograr su renacimiento fácilmente. Para ello, primero se establece una cosmología de la Tierra Pura, se centra en el sufrimiento de los seres ligados al ciclo de la transmigración y los placeres que esperan en el renacimiento en la Tierra Pura. Entonces, después de exponer este "mapa" espiritual del universo, Genshin describe el camino de la práctica que lleva al renacimiento en la Tierra Pura.

El hilo conector que conecta todos los capítulos del Ōjōyōshū es la retórica de la "práctica fácil", basada en la noción del Últimos Día del Dharma (Mappo 末法). Genshin, al igual que muchas personas de su era, estaba convencido de que el mundo se acercaba rápidamente la edad del Último Día del Dharma. La noción de Mappo es una doctrina budista que estipula que las condiciones espirituales del mundo declinan inevitablemente después de que el Buda entrada en el Nirvana. Esta visión de la historia budista sostiene que el tiempo después de la entrada del Buda en el Nirvana se divide en tres edades: (1) Era del Verdadero Dharma (Shobo 正法), (2) Era de la Semblanza del Dharma (Zobo 像法), y (3) Era Última del Dharma. Durante la Era del Verdadero Dharma, las enseñanzas budistas, su práctica, y el logro de la iluminación se puede encontrar en el mundo. Sin embargo, en Era de la Semblanza del Dharma, el mundo se vuelve cada vez más corrupto, las capacidades espirituales de las personas bajan, y se hace menos adecuado poner el Dharma del Buda en práctica. En esta edad, a pesar de que las enseñanzas budistas y su práctica existen, no hay nadie que pueda alcanzar la iluminación. Finalmente, durante la Era Última del Dharma, las condiciones espirituales del mundo son tan pobres que sólo las enseñanzas del Buda se mantienen, y ni la práctica del camino budista ni el logro de la iluminación son posibles. Durante esta época, se creía que el mundo estaría en la lucha constante, con los monjes continuamente luchando entre sí. Existen varias teorías diferentes sobre las longitudes de cada era, pero la prevaleciente es esta: la Era del Verdadero Dharma y la Semejanza del Dharmas duran cada una mil años, con el inicio de la Era Última del Dharma después de dos mil años.

Genshin sostiene que, en la Era Última del Dharma, cuando las condiciones espirituales del mundo se ha deteriorado hasta el punto de que es extremadamente difícil de obtener la liberación del ciclo de la transmigración practicando las prácticas tradicionales Tendai, el único método factible para alcanzar la salvación es buscar a luz en la Tierra Pura de Amida Buda en la próxima vida. Esta Tierra proporciona un entorno ideal para la práctica del camino budista, y una vez en esa tierra, es posible alcanzar la iluminación de forma rápida y sin esfuerzo. Aunque Genshin no niega la eficacia de las diversas prácticas exotéricas y esotéricas Tendai, este "camino fácil" de la práctica de la Tierra Pura es, en la opinión de Genshin, la forma más apropiada para la gente viviendo en Mappo. Genshin argumenta además que la práctica más adecuada para la consecución del renacimiento en la Tierra Pura es el Nembutsu 念佛, literalmente "la devoción al Buda Amida". Para Genshin, el Nembutsu se refiere a una variedad de prácticas centradas en el Buda Amida - desde los elaborados ejercicios contemplativos en los que el practicante visualiza al Buda y su Tierra, en un estado de Samadhi (absorción meditativa) como los descritos en el Sutra de la Contemplación - hasta el simple rezo de la frase "Namu Amida Butsu".

Genshin fue un sacerdote Tendai que influenció para siempre la manera de practicar el Budismo Tierra Pura en Japón, y sus contribuciones son palpables hasta nuestros días. El linaje Tendai del Loto Compasivo tiene su génesis en el linaje Eishin; es por esto que el Templo Tendai de Puerto Rico se centra tanto en las prácticas devocionales en el Buda Amida y su Tierra Pura de la Felicidad.

* * *

El Budismo Tendai Tierra Pura es el predecesor de todos los movimientos Tierra Pura que surgieron en Japón en la era Kamakura, entre los que se encuentran el Jodo Shu, el Jodo Shinshu, y los llamados movimientos establecidos por los ascetas ambulantes. Esto es debido a que los fundadores de estas escuelas fueron monjes Tendai.

El Budismo Tierra Pura en la escuela Tendai se basa en la doctrina del Hongaku Shiso, o la Iluminación Original, que establece que debajo de la transitoriedad de todos los fenómenos, existe una realidad pura y eterna, y que todos los seres surgen de esa unidad fundamental, y por ende, todos poseemos la misma naturaleza, la Naturaleza Búdica. Partiendo de este principio monista, la escuela Tendai desarrolló su doctrina Tierra Pura, fundamentando su premisa en la total unidad indiferenciada entre el Buda Amida - el Dharmakaya -, la Tierra Pura - la Naturaleza Búdica - y los seres sintientes.

Genshin fue quién sistematizó las enseñanzas Tierra Pura dentro de la escuela Tendai, y su tratado "Ojoyoshu" fue un texto tan influenciante en la cultura japonesa que Honen y

Shinran, los fundadores de las escuelas Tierra Pura - Jodo Shu y Jodo Shinshu - citan al Ojoyoshu en sus escritos y consideran a Genshin uno de sus patriarcas. Anteriormente hemos hablado del Ojoyoshu, así que hoy hablaremos de otro escrito de Genshin, el Shinnyokan.

El Shinnyokan (La Contemplación de la Verdadera Talidad), un tratado del Siglo XII atribuido a Genshin, está escrito en un estilo "mezclado" de caracteres chinos y el silabario fonético japonés. No es un texto kuden - secreto - y parece haber sido dirigido a un sofisticado lector laico. Su argumento central es que todos los fenómenos tienen como su naturaleza la verdadera talidad (Shinnyo), que se equipara en este texto con el Cuerpo del Dharma (Dharmakaya), la Naturaleza Búdica, y la Iluminación Original.

"Cuando uno se ve a uno mismo y a todos los demás como seres idénticos a la verdadera talidad, 'volvemos a la iluminación original'; esta es la garantía del renacimiento en la Tierra Pura y la realización de la Budeidad en este mismo cuerpo".

El texto reconoce, sin embargo, que tal visión es difícil de sostener:

"Los seres con facultades más agudas, como la Chica Dragón [en el Sutra del Loto], disciernen que ellos mismos son precisamente la verdadera talidad, y en un instante pueden convertirse en Budas. Los seres con facultades embotadas pueden discernir en un momento que son precisamente la verdadera talidad, pero al momento siguiente, porque ha sido su camino desde el tiempo sin comienzo, al ver formas o escuchar voces, su mente se mueve en conformidad con los objetos externos. Al ver y percibir objetos que son agradables, despiertan en la mente la codicia; al percibir objetos que no son agradables, despiertan en la mente la ira .... De acuerdo con la distinción de facultades superiores y facultades inferiores, existe la desigualdad de tarde o temprano, en la perfección de la práctica contemplativa. Así, hay quienes pueden manifestar la iluminación en un día, dos días, un mes, dos meses, o un año, o los que requieren toda la vida".

Así, aunque todos son Budas inherentemente, algunos pueden tomar tiempo para lograr y mantener esa realización. Con ese fin, el Shinnyokan reconoce la necesidad de, e incluso alienta, la práctica continua. En primer lugar, el texto recomienda que uno debe de cultivar la contemplación de la vacuidad [de los dharmas], y aflojar el propio apego al Samsara con el fin de manifestar en sí mismo el principio de la verdadera talidad. Además de la contemplación de la vacuidad, el texto recomienda la invocación del Nenbutsu, aunque detalla que esta recitación debe basarse en el conociendo de la total no-dualidad de uno mismo con Amida y todos los otros Budas. También se insta al practicante a contemplarse a sí mismo como la verdadera talidad "día y noche, caminando, de pie, sentado y acostado, sin falta", y con este entendimiento, "recitar el Nembutsu y recitar los Sutras, transfiriendo el mérito [de dichos actos] a todos los seres sintientes".

En el Ojoyoshu, Genshin detalla el método adecuado de práctica:

"Uno debe practicar la contemplación de que los Budas y los seres vivos son una sola talidad. Dado a que la mente es la esencia de todos los dharmas, los seres vivos y el Buda son todos abarcados en la mente. ¿Cómo es posible que sean entidades separadas? El objeto de culto y el practicante aparecer

28

en el mismo espejo, porque los seres y el Buda son uno, no dos. Si los seres y el Buda estuviesen verdaderamente aparte, ¿cómo iban a aparecer en el mismo espejo? ...Las tres categorías de acción [es decir, el cuerpo, el habla y la mente] del practicante no estan de ninguna manera separadas de las del objeto de adoración".

Los textos Tendai Tierra Pura, aunque se basan en la premisa de que todos los seres son originalmente Budas, no conllevan una negación de la necesidad para la práctica. Es por ello que entre las prácticas Tendai podemos encontrar la recitación del Nembutsu, la visualización del Buda Amida y su Tierra Pura, y el Amidismo Esotérico (Himitsu Nembutsu), en conjunto con las prácticas estándares de Shikan, Preceptos y el Esoterismo.

El Shinnyokan

El Shinnyokan, o "La Contemplación de la Verdadera Naturaleza de la Realidad" es un tratado escrito por el Maestro Genshin (942-1007), prelado y académico del Budismo Tendai. Este texto muestra en palabras sencillas cómo aplicar la teoría Tendai de la meditación en la práxis religiosa, basándose principalmente en la doctrina de la Iluminación Original (Hongaku Shiso). Esta doctrina niega la idea de que la Iluminación es algo que es alcanzado como resultado de un proceso largo de entrenamiento/práctica; la misma afirma que todos los seres están, desde el principio, iluminados innatamente, ya que es su naturaleza. Desde esta perspectiva, la práctica budista debe de ser abordada, no somo un medio para alcanzar un resultado en el futuro, sino como como una herramienta para descubrir nuestra Naturaleza Búdica.

En el Shinnyokan, la Iluminación Original es descrita en términos doctrinales Tendai tradicionales y haciendo mención del Sutra del Loto. El Buda Shakyamuni predicó por 50 años: durante los primeros 42 años, el buda predicó las enseñanzas provisionales que fueron adaptadas a las capacidades de la audiencia, mientras que en los últimos 8 años el Buda predicó la enseñanza verdadera. El Sutra del Loto es la transmisión directa de su iluminación, y declara que todos loes seres están iluminados inherentemente.

En términos de práctica, la "contemplación de la verdadera naturaleza de la realidad" es igualada a la contemplación del Camino Medio o la "Triple Contemplación de la Mente": existencia provisional, la vacuidad, y el Camino Medio entre ambas realidades. El contemplar todos los fenómenos como vacíos corresponde a la realización de los primeros dos vehículos (Hinayana) y los Bodhisattvas de las enseñanzas provisionales o el Mahayana elemental. sin embargo, el ver todos los fenómenos como vacíos no es suficiente. Por ende, aunque entender la vacuidad de todos los fenómenos es importante, uno debe de comprender que los fenómenos existen de manera temporera como aspectos condicionados de la realidad convencional, y actuar compasiva y sabiamente en el mundo de manera activa. Este entendimiento corresponde a los Bodhisattvas de las enseñanzas Mahayana avanzadas. Finalmente, al contemplar todos los fenómenos como vacíos y existiendo simultáneamente de manera provisional, uno mantiene ambas visiones, con ambas perspectivas en un balance armónico, y sin adherirse a ninguna. Esta es la práctica de los Budas. Al explicar la Triple Verdad, uno debe de explicar los tres aspectos de manera secuencial y gradual. Sin embargo, este tipo de meditación es considerada una forma principiante de la Triple contemplación; su forma avanzada y última es encarnar las tres verdades de manera simultánea en "una sola mente". Dentro de la estructura tradicional Tendai de la disciplina meditativa, la Triple contemplación de la Mente es una forma de meditación requerida, y usualmente es realizada en un contexto monástico por un periodo de varios días, sin embargo, la idea es cultivar - en medio de las actividades cotidianas - una actitud mental en particular: el verse uno mismo y al mundo como una sola esencia.

Dado a que la Talidad, o la Potencialidad, es el verdadero aspecto de todos los fenómenos, no vemos la existencia real de una separación entre nosotros y los demás seres y el mundo; vemos todo de una manera no-dual - todo de una forma idéntica con la totalidad del todo. Todos somos uno. Somos uno con todo: todos los seres, todo el espacio, todo en el universo es uno con el Buda. Cuando hacemos algún acto de caridad o cuando ayudamos a otros, somos el buda ayudando a los demás; somos el Buda actuando en el mundo. Los pájaros, los ríos y toda la naturaleza predican el Dharma.

Igualmente, el Shinnyokan muestra ciertos elementos esotéricos. El Buda mencionado en el texto es el Buda Mahavairocana (Dainichi Nyorai), el Buda Cósmico o central del universo - el Universo mismo: todas las formas son su cuerpo, todos los sonidos son su voz, y todos los pensamientos son su mente, aunque los seres no iluminados no se dan cuenta de ello. En la práctica esotérica, el practicante realiza su identidad con Mahavairocana a través de los Tres Misterios (Sanmitsu) de la palabra, la mente y el cuerpo. El Shinnyokan nos dice que una persona que logre meditar correctamente en la verdadera naturaleza de la realidad logra exactamente lo mismo que el practicante en el Budismo Esotérico.

31

Aunque el Shinnyokan deja claro que todos los seres están iluminados innatamente, no descarta la necesidad de la práctica. La Iluminación Original se manifiesta cultivando un estado mental donde no vemos separación entre nosotros, los demás y el Buda. El último pasaje del Shinnyokan nos dice que debemos de contemplar la Talidad en todo momento: acostados, parados, sentados, y en todas nuestras actividades diarias; y aunque no todos pueden alcanzar este estado inmediatamente, todos podemos alcanzarlo en esta vida.

* * *

El Budismo Tendai Tierra Pura se centra sobre la figura del Buda Amida, pero toma al Buda Shakyamuni como el vehículo por el cual Amida se manifestó en nuestro mundo. Así que veremos quién exactamente fue el Buda Shakyamuni y cuáles fueron sus enseñanzas.

Parte I

Las Enseñanzas del Buda Shakyamuni

Ven tal como eres

Una invitación para una comida deliciosa incluye la condición: Vestido Formal. Pero una persona pobre no puede comprar o alquilar un terno. Así, aunque quiere asistirla, ella no es apropiada para la invitación; y la invitación no es apropiada para ella.

"Ven tal como eres." Lee la otra invitación. Esta invitación es abierta para todos.

Hay muchas enseñanzas - pero este, de Amida Buda, es abierta para todos.

---Hozen Seki

La Vida y las Enseñanzas del Buda Shakyamuni

南无阿弥陀佛

36

1

El Buda Shakyamuni

Hace unos 2.500 años, cerca de las montañas nevadas del Himalaya en el norte de la India, había una ciudad llamada Kapilavatthu. El clan llamado Shakya vivió en esta región. El rey del clan Shakya fue el rey Suddhodana y la reina era la reina Maya. La Reina Maya dio a luz a un hijo en un bosque llamado Lumbini bajo el árbol de Ashoka. Este niño era el príncipe Siddhartha, quien más tarde se convirtió en el Buda Shakyamuni.

Después del parto, la salud de la reina Maya disminuyó y siete días después de dar a luz, ella falleció.

Renuncia

El Rey Suddhodana y sus súbditos criaron al príncipe Siddhartha con cuidado y amor. A la edad de 19 años, Siddhartha se casó con Yasodhara. Aunque su vida parecía tranquila y feliz en la superficie, fue cuestionando constantemente su propia vida, así como el mundo en general. A la edad de 29, su hijo Rahula nació. Sabiendo que ahora tenía un heredero al trono, Siddhartha decidió renunciar a su cargo, y dejó el palacio en busca de la iluminación.

Práctica e Iluminación

Siddhartha viajó a lo largo del río Ganges hacia el Sureste de la India a un reino llamado Magadha. Antes de llegar a Magadha, se había unido a dos o tres grupos religiosos diferentes. Sin embargo, estos grupos no fueron capaces de cumplir con su búsqueda. Por lo tanto, continuó el camino hacia la iluminación por su cuenta.

Eligió un lugar de práctica en el lado Sur de un pueblo llamado Uruvilva. Allí, con cinco de sus amigos, hicieron prácticas ascéticas durante seis años. Encontrando que las prácticas ascéticas carecerían de sentido, aceptó una oferta de la leche de arroz de una joven llamada Sujata a fin de fortalecer su cuerpo y la voluntad. Al ver esto, sus amigos pensaron que había fracasado en la práctica de la iluminación y lo abandonaron.

Valiéndose por él mismo, Siddhartha se sentó debajo de un árbol Asvattha y entró en las últimas formas de su práctica. Al amanecer, alcanzó la iluminación y se convirtió en un Buda. Tenía 35 años de edad.

El pueblo de Urevela más tarde se conoció como Bodh Gaya, mientras que el árbol Asvattha ahora se conoce como el árbol de la iluminación.

Primer Sermón

Después de su iluminación, Shakyamuni permaneció en Bodh Gaya durante un periodo de tiempo. Entonces decidió pasar a enseñar a otras personas acerca de sus experiencias. Viajó por varios cientos de kilómetros a la al noroeste de la ciudad de Varanasi, donde el Brahmanismo estaba floreciendo. En las afueras de esta ciudad había un hermoso bosque llamado Parque del Venado, en una sección de la India que ahora se conoce como Sarnath. Allí encontró a los cinco mendicantes (monjes errantes) que habían practicado el ascetismo con él. Él decidió entregar su primer sermón, llamándolo el primer giro de la Rueda del Dharma. Habiendo escuchado las enseñanzas, el cinco mendicantes fueron los primeros discípulos de Shakyamuni. Entonces, por los próximos 45 años, el Buda viajó sin descanso en el camino de propagación de las enseñanzas.

Propagación del Dharma

Se dice que después de alcanzar la iluminación, el Buda pronunció charlas del Dharma a cientos de miles de personas. Después de ver al Buda, muchas personas se acercaron a él para ser sus discípulos.

Muchos de estos discípulos abandonaron todas sus pertenencias para conseguir ser Bhikshus y Bikhunis (monjes y monjas). Sin embargo, las enseñanzas también se convirtieron en el centro de la vida espiritual de muchos laicos, llamados Upasakas (hombres) y Upasikas (mujeres). En lugar de seguir las estrictas reglas de los mendicantes, las personas laicas siguieron los cinco preceptos budistas: no matar, no mentir, no robar, no caer en mala conducta sexual, y no abusar de sustancias intoxicantes.

Estos seguidores laicos apoyaron la Sangha (comunidad religiosa) con reverencia y respeto, proporcionando alimentos, refugio y ropa. De esta manera, los Bhikshus y Bikhunis siempre ayudaban a los laicos con el Dharma, y los laicos siempre ayudaban a los Bhikshus y Bikhunis con los bienes materiales. Por lo tanto, como la rueda de un carro en movimiento, se ayudaban unos a otros para lograr el florecimiento del Buda Dharma.

Shariputra, Maudgalyayana, Mahakasyapa, Purna y Ananda fueron algunos de los más famosos discípulos del Buda. Rahula, el hijo de Shakyamuni, también puede contarse entre estos grandes discípulos. Entre los seguidores laicos que eran bien conocidos se encontraban el rey Bimbisara de Magadha y su esposa, la reina Vaidehi, el rey Hashikone de Kosala, el rey Udayana, un hombre rico llamado Sudatta y una prostituta llamada Amrapali.

El famoso bosque de bambú en Rajagriha, donde el Buda dio muchas enseñanzas, fue donado a la Sangha por el rey Bimbisara. Del mismo modo, el gran comerciante Sudatta donó el espléndido bosque de Jetavana Vihara.

El Gran Nirvana

Después de muchos años de enseñar el Dharma a través de las diversas partes de la India, Shakyamuni se dio cuenta de la disminución de su salud. En ese momento, sus discípulos confiables Shariputra y Maudgalyayana ya habían dejado este mundo.

Con su primo Ananda, Shakyamuni dejó Rajagriha y comenzó a viajar a su lugar de nacimiento de Kapilavatthu. Antes de que pudiera terminar su viaje, sin embargo, él se enfermó y en una sala arboleda en Kushinagar, falleció, habiendo predicado por 40 años el sendero a la iluminación. Tenía 80 años de edad. La fecha en que Buda entró en el Paranirvana generalmente se llama Día del Nirvana y se celebra el 15 de febrero.

El Primer Concilio

Al enterarse de la muerte del Buda, sus seguidores lo incineraron con gran tristeza, y sus cenizas fueron divididas en ocho partes. Estupas (santuarios) fueron construidos para celebrar y cuidar estas cenizas. Incluso los recipientes utilizados para mantener las cenizas se convirtieron en un símbolo de respeto y Estupas fueron construidos para mantenerlos así.

Mahakasyapa y Ananda, junto con quinientos Bhikshus, se reunieron cerca de la arboleda Saptaparnaguha en Rajagriha para confirmar la vida y preservar las enseñanzas del Buda. Querían preservar sus enseñanzas y asegurarse de que se transmitieran correctamente.

Esta primera reunión se llamó el Concilio y en esta reunión, los Sutras (enseñanzas) se transmitieron por vía oral. Las enseñanzas de Buda no fueron puestas por escrito sino hasta 300-400 años después de que Shakyamuni murió.

* * *

Cuando Siddhartha Gautama se convirtió en el Buda Shakyamuni, fue el poder del Dharma - no su poder humano –

lo que lo llevó a alcanzar la Iluminación. En el momento de despertar al Dharma, se convirtió en uno con el mismo y, por lo tanto, adquiere un Cuerpo del Dharma sin perder su cuerpo humano.

A continuación, dedicó los restantes años de su vida a explicar el Dharma de diversas formas, de acuerdo con las capacidades de los seres. Una de estas formas fue el Budismo Tierra Pura del Buda Amida.

2

Las Enseñanzas de Shakyamuni

El Buda Shakyamuni predicó una amplia gama de enseñanzas, predicadas con un lenguaje y contenido específicamente adaptado a sus estudiantes, de acuerdo a sus mentes y capacidades.

Los seres comunes que están sujetos al ciclo vicioso de la ilusión, el karma y el dolor a causa de su oscuridad espiritual fundamental, tratan de aferrarse a las cosas con la idea ilusoria de que existen y que vale la pena luchar por ellas. Cuando el Buda dijo: "Todas las cosas son transitorias e impermanentes" quería decir que todas las cosas que existen, incluyéndonos a nosotros mismos, están en constante cambio y que las cosas y las personas queridas para nosotros pronto desaparecerán. Se deduce entonces que las cosas que cambian constantemente están desprovistas de naturaleza propia, fija e independiente.

Cuando los seres sensibles son atrapados por las malas pasiones y se aferraban a las nociones ilusorias, sufren. Por lo tanto el Buda dijo, "La vida es insatisfacción" (dukkha).

Las Cuatro Nobles Verdades

1. La verdad del sufrimiento (dukkha)

2. La verdad de la causa del sufrimiento (samudaya)

3. La verdad del fin del sufrimiento (nirhodha)

4. La verdad del camino que nos libera del sufrimiento (magga)

Por sí mismas, estas verdades no parecer decir mucho. Pero debajo de estas Cuatro Nobles Verdades subyacen incontables capas de enseñanzas sobre la naturaleza de la existencia, el ser, la vida y la muerte, por no hablar del sufrimiento. El punto no es sólo "creer en" las enseñanzas, sino explorarlas, entenderlas, y ponerlas a prueba con tu propia experiencia.

La Verdad del Sufrimiento

La Primera Noble Verdad a menudo se traduce como "La vida es sufrimiento." Esto choca a muchos, dando a entender que el Budismo es una filosofía pesimista. Pero la palabra "dukkha", en Pali, también se refiere a todo lo que es temporal, condicional, o que está compuesto de otras cosas. Incluso algo precioso y agradable es dukkha, porque eventualmente va a terminar.

Podemos entender que la vida es impermanente, y eso nos incluye a nosotros. El Buda enseñó que antes de que podamos entender la vida y la muerte, debemos entender el "yo" (el ser).

El Buda enseñó que una persona es una combinación de Cinco Agregados, también llamados los Cinco Skandhas. Estos son:

1. Forma

2. Sensación

3. Percepción

4. Formaciones Mentales

5. Conciencia

Las diferentes escuelas de Budismo interpretan los skandhas de diferentes maneras. Generalmente, el primera skandha es nuestra forma física. La segunda está formada por nuestros sentimientos, emocionales y físicos, y nuestros sentidos - vista, oído, gusto, tacto, olfato.

El tercera skandha, la percepción, forma la mayor parte de lo que llamamos pensamientos - la conceptualización, la cognición, el razonamiento. Esto también incluye el encuentro que se produce cuando un órgano sensorial entra en contacto con un objeto. La percepción puede ser conceptualizada como "aquello que identifica." El objeto percibido puede ser un objeto físico o uno mental, como una idea.

El cuarto skandha, las formaciones mentales, incluyen los hábitos, prejuicios y predisposiciones. Nuestra voluntad, u obstinación, también es parte del cuarto skandha, como son la atención, la fe, la conciencia, el orgullo, el deseo, la venganza, y muchos otros estados mentales buenos y malos. Las causas y los efectos del karma son especialmente importantes para el cuarto skandha.

El quinto skandha, la conciencia, es la conciencia o sensibilidad a un objeto, pero sin la conceptualización. Una vez que existe la conciencia, el tercera skandha puede reconocer el objeto y asignarle un concepto-valor al mismo, y el cuarto skandha puede reaccionar con deseo o repulsión o alguna otra formación mental. El quinto skandha se explica en algunas escuelas como la base que une la experiencia y la vida.

Por ende, lo que llamaos un "yo (ser - ego), es un compuesto. Cuando las causas y condiciones para que ese "yo" aparezca están maduras, ese "yo" aparece; cuando las causas y condiciones para que ese "yo aparezca ya no estén presentes, ese "yo" se funde en el todo, como una gota en un océano. Por ende, eso que llamamos "yo" está vacío -no posee una existnecia independiente y permanente. Esta doctrina del "no-ser" o "no-yo" se llama "anatman" o "anatta".

En resumen, el Buda enseñó que el "ser/yo" no es una entidad integral, autónoma. El yo individual, o lo que podríamos llamar el ego, es un subproducto de los skandhas.

En la superficie, esto parece ser una enseñanza nihilista. Pero el Buda enseñó que si podemos ver a través de la ilusión del limitado y pequeño yo individual, experimentamos aquello que no está sujeto al nacimiento y la muerte.

Todo esto está relacionado con la doctrina del Sunyata o el vacío sobre el cual hemos escrito anteriormente.

La Verdad de la Causa del Sufrimiento

La Segunda Noble Verdad enseña que la causa del sufrimiento es el deseo o la insatisfacción (tanha). Continuamente buscamos algo fuera de nosotros mismos para hacernos felices. Pero no importa el éxito que tengamos, nunca nos quedamos satisfechos.

El Buda enseñó que esta sed crece a partir de la ignorancia de uno mismo y la verdadera naturaleza de las cosas. Vamos por la vida tratando de aferrarnos a las cosas para conseguir una sensación de seguridad acerca de nosotros mismos y del mundo que nos rodea. Esto incluye no sólo las cosas físicas, sino también las ideas y opiniones acerca de nosotros mismos y del mundo que nos rodea. Luego nos sentimos frustrados cuando el mundo no se comporta de la manera que pensamos que debería y nuestras vidas no se ajustan a nuestras expectativas.

Las enseñanzas del Buda sobre el karma y el renacimiento están estrechamente relacionadas con la Segunda Noble Verdad.

La Verdad del Fin del Sufrimiento

Las enseñanzas del Buda sobre las Cuatro Nobles Verdades a veces se comparan con un médico que diagnostica una enfermedad y prescribe un tratamiento. La primera verdad nos dice lo que es la enfermedad, y la segunda verdad nos dice lo que causa la enfermedad. La Tercera Noble Verdad nos brinda la esperanza de una cura.

El Buda enseñó que a través de la práctica diligente, podemos poner fin a nuestras ansias y sufrimientos y despertar a la verdadera naturaleza de la realidad. Esto es la iluminación (bodhi, "despertar").

La Verdad del Camino que nos Libera del Sufrimiento

Aquí el Buda, como un médico que prescribe el tratamiento para nuestra enfermedad, nos otorga la medicina del Noble Sendero Óctuple.

El óctuple sendero es el primer medio mostrado por el Buda a través y por el cual se puede alcanzar la iluminación. El Buda mostró este camino en el Dhammacakkappavattana Sutta.

El Noble Sendero Óctuple

1. Visión Correcta

2. Intención Correcta

3. Habla Correcta

4. Acción Correcta

5. Vivir Correcto

6. Esfuerzo Correcto

7. Atención Correcta

8. Concentración Correcta

El camino se divide tradicionalmente en tres secciones principales: sabiduría, conducta ética y disciplina mental.

Sabiduría: La Visión Correcta y la Intención Correcta son el camino de la sabiduría. La Vista Correcta no se trata de creer en la doctrina, sino de la percepción de la verdadera naturaleza de nosotros mismos y del mundo que nos rodea. La Intención Correcta se refiere a la energía y el compromiso que se necesita para participar plenamente en la práctica budista.

Conducta Ética: El Lenguaje o Habla Correcto, Acción Correcta y el Vivir Correcto son el camino de la conducta ética. Esto nos llama a cuidar en nuestro discurso, nuestras acciones y nuestra vida cotidiana para no hacer daño a los demás y cultivar salubridad en nosotros mismos. Esto se manifiesta en los Preceptos.

Disciplina Mental: A través del Esfuerzo Correcto, la Atención Correcta y la Concentración Correcta, desarrollamos la disciplina mental para cortar a través de la ilusión. Muchas escuelas budistas exhortan a meditar para lograr la claridad y el enfoque de la mente.

El Nirvana

Por lo tanto, revelando los aspectos dolorosos de la vida y el mundo, el Buda nos lleva a aspirar a un estado de máxima tranquilidad (Nirvana) en el que no surgen las pasiones ni los engaños que dan lugar a otras conmociones kármicas que implican dolor.

Puesto que la causa de nuestro sufrimiento es la ignorancia y las pasiones que son inherentes a nosotros mismos, el Budismo temprano, llamado Hinayana (Vehículo Pequeño) o Theravada (Camino de los Antiguos) entiende que deshacernos de la causa del sufrimiento significa poner fin a nuestra propia existencia, junto con todas las tendencias kármicas que siguen trabajando incluso después de la muerte física y producen una nueva vida. El Nirvana es el reino más allá de este mundo de la experiencia. No es un mero ámbito espiritual, pues los Nikayas afirman repetidamente que Nirvana está más allá de los tres mundos, a saber, el mundo del deseo, el mundo material puro y el mundo espiritual puro. En otras palabras, el Nirvana se encuentra al margen de todas las experiencias físicas y espirituales, y se expresó negativamente como "extinción" o "tranquilidad".

Este enfoque negativo a la verdad, sin embargo, se invierte en el Budismo Mahayana (Vehículo Grande). Cuando el Buda expuso los aspectos transitorios y dolorosos de la vida y el mundo, y desvió la atención de los hombres del mundo empírico para el mundo de la no-experiencia, es decir. Nirvana, empleó el mejor recurso para llevar a los seres gradualmente a la verdad más abstrusa del Mahayana. Aunque la exposición anterior del Buda (Hinayana) se refirió a la liberación del individuo del Samsara, su intención oculta, revelado posteriormente en el periodo Mahayana, yacía en la liberación universal de todos los seres sensibles. Este camino, conocido también como el camino del Bodhisattva (Bodhisattva-marga), se distingue del Hinayana en que va un paso más allá del estado negativo de Nirvana y desarrolla su doctrina sobre el principio de la no-dualidad. Va más allá de todos los conceptos y categorizaciones relativas, como Samsara y el Nirvana, la ignorancia y la sabiduría, negativo y positivo. Por ejemplo, la vacuidad o vacío (Sunyata) reiterado en las escrituras Mahayana, especialmente los Sutras Prajnaparamita, no debe ser tomada como una mera negación de la existencia, sino como el estado trascendental alcanzado después de la negación de todos los conceptos. Sunyata, en el Mahayana, no ha de ser captada por cualquier declaración positiva. Se niega y trasciende todos los pares de opuestos y al mismo tiempo, abarca e incluye todas las esferas relativas empíricas de pensamientos y acciones.

El Budismo Mahayana también, habla del Nirvana pero es un concepto diferente del Hinayana. De acuerdo con el Sutra del Nirvana, el Nirvana posee cuatro cualidades: la eternidad, la felicidad, la libertad y pureza. Como sinónimos del Nirvana, el Mahayana habla de la "Verdadera Esencia" (Tathata o bhuta-tathata), "Naturaleza del Dharma" (Dharmata), "Así Venido" (Tathagata), "Iluminación" (Bodhi), "Cuerpo del Dharma" (Dharmakaya), "Incondicionado" (Asamskrita), "Buda" (Buddhata), etc. Estos términos están diseñados para describir la realidad o la verdad inefable y trascendente que puede ser comprendida únicamente por la sabiduría indiferenciada e intuitiva (Prajna).

Originación Interdependiente

Originación Interdependiente significa que las cosas surgen de las relaciones causales en las que las originan, por la interacción de causas y condiciones muy específicas, y se destruyen o desintegran cuando esas causas y condiciones dejan de existir. Todo nuestro mundo existe a través de las relaciones causales, no importa si estamos yendo o viniendo, riendo o llorando. Nuestra vida y muerte son también, en este ámbito, producto de causas y condiciones.

Los Cuatro Sellos del Dharma

La teoría de las relaciones causales se explica más a través de los Cuatro Sellos del Dharma.

La primera marca es la impermanencia. A través de las relaciones causales, las cosas en este mundo van continuamente a través del ciclo de la creación y la destrucción, hacia el interior, así como hacia el exterior. Nuestro mundo está en constante transición. Por ejemplo, los jóvenes con el tiempo crecen, las poblaciones que ahora están floreciendo inevitablemente disminuirán. Tal transición se llama transitoriedad. En la filosofía budista, todas las cosas son impermanentes.

El segundo punto es no-yo o no-ser. Debido a las relaciones causales, todo está en un constante estado de transformación o cambio. Nada de lo que existe tiene una existencia permanente. Por lo tanto, no hay un "yo" inalterable ni permanente; ni nuestros pensamientos, ni cuerpos ni sentimientos tienen una existencia permanente.

La tercera marca del Dharma se llama sufrimiento. Dado a que el mundo está en constante cambio, el yo y todo lo que nos rodea tiene una existencia temporal y, por tanto, tienen limitaciones. Sin embargo, nos apegamos a este yo no permanente y mundano. El deseo de perseguir la permanencia continua, y con él, viene la incertidumbre y la insatisfacción de nunca encontrarla. Por eso decimos que la vida es sufrimiento, y todas las cosas son pasajeras. En términos generales, el sufrimiento es dividido en: sufrimientos mayorer como la enfermedad y la vejez, y el sufrimiento menor, como conocer a alguien que no te gusta o no conseguir lo que queremos.

La cuarta característica es la paz y la tranquilidad. Como ya se ha dicho, el mundo se caracteriza por la impermanencia, el no-ser y el sufrimiento humano, pero los seres humanos siempre estamos tratando de encontrar la eternidad. Uno anhela una existencia permanente, y si la vida no en va el camino que uno desea, se produce ira, miedo, resentimiento, ansiedad y sufrimiento. Estas emociones que contaminan o confunden se llaman kleshas (pasiones). El propósito del Buda Dharma es acabar con estos kleshas y entrar en un estado de tranquilidad apacible - para llegar a la iluminación. Este estado se llama Nirvana.

Estas cuatro características son llamadas las cuatro grandes marcas del Buda Dharma. La inclusión de estas cuatro marcas en los textos budistas identifican las enseñanzas como expuestas por el Buda y cónsonas con el verdadero Dharma.

El Camino Medio

En la primera enseñanza del Buda Shakyamuni en Sarnath, el Buda enseñó el Camino del Medio. La Camino del Medio es el camino de la moderación y no el extremismo. Tenemos una tendencia a dejarnos llevar por emociones extremas, tales como el amor y el odio, y ver las cosas como buenas o malas. Como resultado, tendemos a desviarnos de ver con claridad y vivir con rectitud en nuestra vida cotidiana. Para evitar ceder a los extremos del placer o del ascetismo, y de caminar por la senda de la justicia, el Buda llamo a su enseñanza el Camino Medio. El Camino Medio se describe como el Noble Camino Óctuple:

1. Visión Correcta
2. Comprensión Correcta
3. Lenguaje Correcto
4. Acción Correcta
5. Vivir Correctamente
6. Esfuerzo Correcto
7. Atención Correcta
8. Concentración Correcta

El propósito del Camino del Medio es reconocer que tenemos apegos y debemos saber controlarlos. Por lo tanto, el Camino Medio conduce a la liberación y al nirvana.

La Compasión

El Budismo no se limita sólo a los problemas del mundo de la impermanencia y el apego.

Durante sus seis años de prácticas ascéticas, Shakyamuni cultivo el corazón de la compasión. Las actividades y ceremonias budistas deben incluir la ternura y el amor que definen la compasión. Hay otra palabra - awaremi - lo que significa la misericordia o la tristeza profunda. A menudo, estas dos ideas de amor y tristeza profunda son unidas cuando hablamos de la compasión budista. El objetivo último de las enseñanzas del Buda es llevar la iluminación a uno mismo, y al mismo tiempo, para llevar a otros a la iluminación. El acto de llevar a otros a la iluminación se llama compasión. Sin esta cualidad, la enseñanza no puede ser llamada una enseñanza budista.

Los Preceptos

¿Cómo las personas que siguen las enseñanzas de Buda viven el día a día? Las normas para la vida diaria son llamadas Shila o preceptos. Es importante que los seguidores laicos sigan los cinco preceptos de:

1. No matar
2. No robar
3. No mentir
4. No cometer mala conducta sexual
5. No abusar de sustancias intoxicantes.

En el caso de los monjes y monjas budistas, con base en estos cinco preceptos, los monjes tendrán aproximadamente otros 200 preceptos y las monjas tienen aproximadamente 300 preceptos adicionales. Estos preceptos son estrictamente seguidos por los monjes y monjas en los países budistas de Asia del Sur.

*　*　*

Cada budista acepta las Cuatro Nobles Verdades, que el Buda Shakyamuni expuso una y otra vez como el núcleo de su enseñanza. En ellas se establecen cuatro verdades que nos muestran que nuestra visión ordinaria del mundo, la visión dada por nuestros cinco sentidos y nuestras facultades racionales, es inadecuada, defectuosa y nos produce sufrimiento.

El Buda, como un médico, nos diagnostica el origen de nuestra enfermedad y nos provee los pasos para curarnos. Pero la tercera verdad es la más importante, ya que afirma que esta causa puede ser eliminada. No estamos condenados para siempre a sufrir este estado de enfermedad; podemos hacer algo que para eliminar la causa y ver correctamente. Y la cuarta verdad afirma que hay un camino que conduce a la liberación. Uno de estos caminos es el Budismo Tierra Pura y la luz y la compasión del Buda Amida.

El Buda Shakyamuni predicó sobre el Buda Amida y su Tierra Pura en lo que se conocen como los Tres Sutras de la Tierra Pura del Buda Amida. Conozcamos ahora un poco más sobre ellos.

Parte 2

Los Sutras de la Tierra Pura

58

3

Los Sutras de la Tierra Pura

Después de que el Buda Shakyamuni y todos sus discípulos habían pasado al Gran Nirvana, la Sangha budista comenzó a desarrollarse y ramificarse en diferentes direcciones. De estas ramificaciones, el movimiento más fuerte fue el de la preservación de los preceptos budistas. Creyendo que solo se podría alcanzar la emancipación a través de los preceptos, algunos Bhikshus se concentraron en preservar las propias palabras pronunciadas por el Buda. Como resultado, el Buda Dharma se hizo más formal y la esencia de las enseñanzas, que era su fuerza, poco a poco comenzó a desaparecer.

Al mismo tiempo, sin embargo, hubo otros Bhikshus que creían que el verdadero corazón de las enseñanzas del Buda se encontraba en trascender los preceptos. Por lo tanto, incluso un laico puede alcanzar el despertar por el encuentro con la gran sabiduría y la compasión del Buda. Este movimiento alternativo lentamente empezó a ganar fuerza 400-500 años después de que el Buda Shakyamuni entró en Paranirvana. Los miembros de la Sangha de este movimiento alternativo hicieron hincapié en la importancia de estos Sutras como el Sutra Prajnaparamita (Perfección de la Sabiduría), el Avatamsaka Sutra (Sutra de la Guirnalda de Flores), el Saddharmapundarika Sutra (el Sutra del Loto), y el Vimalakirti Sutra y comenzaron llamarse Mahayana (Gran Vehículo), y llamaron a la existente Sangha como Hinayana (vehículo más pequeño).

Como resultado, hubo luchas que tuvieron lugar en la India entre escuelas Mahayana y Hinayana. Hoy en día, el Mahayana, es el Budismo dominante en Asia central, China, Corea y Japón, mientras que el Hinayana (o Theravada) es el Budismo que florece en países como Sri Lanka, Myanmar, Tailandia y el sur de Asia. Aun hoy día, la gente de estos países, así como sus gobiernos dependen de las enseñanzas Budistas como su guía para vida la espiritual, y en algunas ocasiones, política.

Los Tres Sutras de la Tierra Pura

EL Budismo pretende eliminar la raíz del sufrimiento de todos los seres vivos, dándoles así la verdadera paz y felicidad. Muchas veces la causa del sufrimiento es mal karma que hemos producido a través de la consecución de los deseos egoístas. Los deseos egoístas, a su vez, surgen de la ignorancia espiritual que yace en lo profundo de nuestro ser. El Buda Shakyamuni descubrió la verdadera causa del sufrimiento humano y proporcionó diversos medios para eliminarlos, así como un médico le receta medicamentos diferentes a diversas personas de acuerdo a las condiciones cambiantes de sus pacientes.

La práctica del Budismo Tierra Pura se centra alrededor del Nembutsu: la recitación de la frase sagrada "Namu Amida

Butsu". Así se concibió por primera vez en la mente del Bodhisattva Dharmakara muchos kalpas (eones) después de escuchar el Dharma del Buda Lokeshvararaja y de contemplar las muchas Tierras Puras existentes en el Multiverso. Dharmakara estuvo cinco kalpas absorbiendo lo que había contemplado para idear un plan de salvación para todos los seres sintientes.

Así, Dharmakara hizo cuarenta y ocho votos. Él les proclamó ante el Buda Lokeshvararaja Buda y todos los seres, humanos y divina. Los votos se dividen en tres grupos:

1. Los relativos a la naturaleza esencial de la Budeidad que iba a alcanzar.
2. Los relativos a la Tierra Pura que establecería.

3. Aquellos que explica cómo se puede alcanzar el nacimiento en su Tierra Pura de la Felicidad.

Así, Dharmakara se convirtió en el Buda de la Luz y la Vida Infinita – el Buda Amida, y creó la Tierra Pura de la Felicidad para salvar a todos los seres a través del Nembutsu. Amida es una contracción de dos nombres en sánscrito - el Buda de la Luz Infinita (Amitabha) y de la Vida Infinita (Amitâyus).

Con una compasión irresistible y una infinita bondad, el Buda Amida abraza a todos los seres en su luz compasiva y los lleva a alcanzar la libertad de las contaminaciones de las malas pasiones en su Tierra Pura.

La realidad trascendente del Buda Amida, su Tierra Pura y su salvación fue revelada por primera vez a los seres humanos a través del Buda Shakyamuni. Así, el Buda

Shakyamuni, el Buda de este mundo Saha, predicó los Sutras de la Tierra Pura.

Los tres Sutras de la Tierra Pura son los siguientes:

1. El Sutra del Buda Amida (el Sutra Corto);

2. El Sutra del Buda de la Luz y Vida Infinita (el Sutra Largo); y

3. El Sutra de la Contemplación en el Buda Amida.

El Sutra del Buda Amida es el más corto de los tres Sutras. Aquí el Buda Shakyamuni se dirige a su principal discípulo, Sariputra, sin esperar a una pregunta. En este Sutra se describe brevemente las características gloriosas de Amida y su Tierra de la Felicidad, se insta a todos los seres a aceptar este Sutra con fe, y explica el método de renacer en su tierra. De acuerdo con este Sutra, si uno es consciente de Amida y se recita se nombre, al final de la vida de uno, Amida y una serie de sabios aparecerán ante nosotros para acompañarlo a la Tierra Pura.

El Sutra del Buda de la Vida y Luz Infinita es el Sutra más largo, y explica plenamente cómo Dharmakara, anteriormente un rey, decidió convertirse en un Buda, hizo cuarenta y ocho votos, cumplió sus funciones como un Bodhisattva, y se convirtió en un Buda. También se describen en detalle las manifestaciones gloriosas de la Tierra Pura y la distinguida virtud de sus habitantes. Lo más importante es la clarificación de los métodos de obtener el renacimiento en la

Tierra Pura. Se hace hincapié en los actos meritorios que se centran en la meditación y la recitación en el Buda Amida.

El Sutra de la Contemplación en el Buda Amida fue predicado por el Buda Shakyamuni para aliviar el sufrimiento de la reina Vaidehi de Magadha, un antiguo país en la India, y le indica el camino hacia la luz en la Tierra Pura. Se presentan dos tipos de actos meritorios para la consecución de nacimiento: la visualización y la meditación en la Tierra Pura y el Buda Amida. El Sutra concluye recomendando la recitación del Nembutsu.

El Nembutsu es la recitación de la frase sagrada "Namu Amida Butsu", pero también implica la práctica meditativa o contemplativa de visualizar al Buda Amida y su Tierra Pura.

El Sutra Corto de Amida

Sukhavati es un término Sanscrito cuyo significado es "Reino de la Bienaventuranza" o "Tierra de la Felicidad", y Vyuha significa "manifestación magnifica." De este modo "Sukhavati-Vyuha Sutra" puede traducirse como "El Sutra de la Manifestación Magnifica del Reino de la Bienaventuranza." Se piensa que tanto el Sutra corto como el extendido fueron escritos hace aproximadamente 1700 años en la frontera del noroeste de la India en lo que ahora es Pakistán. Se dice que las traducciones más recientes han sido escritas en el primer o segundo siglo de la era común. Kumarajiva escribió una traducción al Chino del Sutra corto en el quinto siglo de la era común.

El Sutra Sukhavati corto nos presenta el hecho de que hay esperanza para los seres que sufren, ya que la compasión ilimitada del Buda Amitayus/Amitabha (Vida Ilimitada, Luz

Ilimitada) que existe en el reino del renacimiento en donde la iluminación es fácil de alcanzar, generando un ardiente deseo para renacer allí, para que el Buda Amitabha se reúna con los seres sintientes que guardan este voto primordial, Esto es una función de la Compasión y Sabiduría de Amida.

El Sutra Largo de Amida

Este Sutra está dedicado exclusivamente al Buda Amida, la realización directa de la Tierra Pura y los votos que crearon la Tierra Pura. En muchas maneras el Sutra Largo ha sido visto como una extensión del Sutra Corto. Los principios de la cultivación del ser y la esperanza o confianza de reunión, puede ser visto también como una combinación de fe y práctica. Adicionalmente, el Sutra es una demostración de la transmisión de méritos a una vasta escala y del poder de los votos.

Una enseñanza principal del Sutra Largo es que los votos poderosos pueden cambiar el ambiente externo de la persona que los hace si esa persona confía en los votos con una mente serena (Sk. prasada, significa "confiar sereno"). Esto causa que uno sea transformado desde el estado que precede al Uno, de modo que puede decirse que la mente que confía en un voto, participa en él. Los votos que son responsables de crear a Sukhavati son la culminación de eones de esfuerzos de un Bodhisattva. Este esfuerzo resultó de un increíble almacenamiento de méritos que ahora están disponibles a los seres sintientes en orden de ayudarles a conseguir el Nirvana.

Según el Sutra Sukjavativyuha o Sutra de la Vida Inconmensurable, Amida fue un monje llamado Dharmakara, que vivió en tiempos muy remotos y posiblemente en otro mundo. En algunas versiones del mismo Sutra, se describe a

Dharmakara como un antiguo rey que, tras conocer las enseñanzas budistas del Buda Lokesvararaja, renunció a su trono. Posteriormente, decidió convertirse en un buda y poseer un budaksetra o reino existente en un universo primordial fuera del espacio y tiempo que conocemos, producto de los enormes méritos de un iluminado, donde existiesen muchísimas perfecciones.

En sus 48 votos, el Buda Amida muestra su inmensa preocupación por todos los seres del Universo, a tal extremo que en su primer voto ya manifiesta que rehusará obtener la iluminación perfecta si existe algún lugar en su Tierra llamado "infierno", donde sufran las ánimas y los animales.

De igual manera, rechazaría a su iluminación perfecta, si por alguna negligencia existan seres con algún tipo de imperfecciones, incluyendo las imperfecciones mentales que puedan tener incluso los seres menos privilegiados. Estos 48 votos constituyen una garantía para entrar en la Tierra Pura o de la Bendición Suprema, sitio donde deben aspirar a llegar todos los seres sensibles (humanos) tras haber pasado por los diferentes paraísos temporales de otras creencias posteriores.

Allí, según lo describió el Buda Shakyamuni a Shariputra en el Sutra de Amida, los seres que lo logran disfrutarán de la felicidad suprema y nunca más sabrán acerca del sufrimiento. Con el poder espiritual de Amitabha, todos los seres de este mundo podrán entender el budismo, permitiendo que puedan practicarlo diligentemente y finalmente, alcanzar la iluminación. Esa iluminación llevará al practicante por el sendero que conduce a la Tierra Pura.

A través de sus enormes esfuerzos meritorios, Amida creó la Tierra Pura, que se denomina Sukhavati, que significa «poseedor de la felicidad» en sánscrito. El Sukhāvatī está situado en el occidente extremo, más allá de las fronteras de nuestro universo. Por el poder de sus votos, Amida ha hecho posible que los creyentes que invoquen su nombre y cultiven méritos en el mundo de los mortales, puedan renacer en esta tierra, donde podrán seguir cosechando más méritos y finalmente, convertirse en Bodhisattvas o budas. Ya en ese estado de extrema santidad, podrán retornar a nuestro mundo para ayudar a otras personas a seguir este sendero meritorio para llegar a esa tierra sumamente lejana y remota en términos físicos, pero cercana en términos espirituales. Allí, se encuentran los otros «paraísos» que describen algunos textos sacros de otras religiones.

El Sutra de la Visualización en el Buda Amida

El Sutra de la Visualización no tiene un tono tan devocional como el Sutra corto o largo. Este Sutra es realmente un manual de Buddhānusmṛti o "Visualización del Buda" que lo anima a uno a tener una visión del Buda Amida en esta vida. En los Sutras Sukhāvatī, tanto el corto como el largo, el énfasis principal es con base en el recuerdo y los votos; en el Sutra de la Visualización, se enfatiza la visión del Buda y cómo obtenerla.

* * *

Para nosotros que no podemos escapar de este reino del Samsara, la Tierra Pura ofrece un refugio seguro, un reino trascendente lleno con la luz de la verdad donde no existe la ilusión y la ignorancia que nos llevan a generar un mal karma.

Parte 3

Las Enseñanzas del Budismo Tendai Tierra Pura

Un Budismo para Todos

El Budismo Tendai Tierra Pura siempre se ha caracterizado por ser el Budismo de las personas comunes y corrientes, con pasiones y defectos, quienes desde incontables vidas han estado ahogándose en el mar del sufrimiento y de la muerte. El Budismo Tierra Pura se practica en medio de los problemas y situaciones cotidianas. Es el Budismo para personas con trabajos, familias y aspiraciones mundanas.

Esto contrasta con la visión occidental del Budismo, especialmente el Budismo Zen, en donde uno se retira del mundo, dejando atrás a las familias y el hogar, para internarse en monasterios y llevar una vida llena de preceptos y regulaciones.

En el Budismo conocido por occidente, uno se retira a meditar a espacios propicios para este tipo de prácticas y sigue las regulaciones para alcanzar el despertar, también llamado la iluminación. Esto se conoce en el Budismo Tierra Pura como Jiriki, o Poder Propio, y consiste en seguir prácticas y enseñanzas que conducen a la iluminación por medio del esfuerzo propio.

El Budismo Tierra Pura sigue una línea de pensamiento distinta, llamada Tariki, que significa Otro Poder, e implica renunciar a toda práctica que envuelva el esfuerzo propio como medio de alcanzar el despertar, y devengarlo todo en el Voto Primal del Buda Amida.

¿Qué es el Otro-Poder?

A menudo oímos en la televisión y leemos en el periódico que el "Otro Poder" - basándose en la el poder de los demás o en función de otros - no es bueno. En su lugar, se nos dice que debemos confiar en nosotros mismos o en el "Poder Propio". Este es un gran error en la comprensión del significado del Voto Primal del Otro Poder en el Budismo Tierra Pura. El Otro Poder es el poder del Voto Primal de Buda Amida. El Otro Poder no es el poder de otro ser humano u otros seres humanos. Más bien, el Budismo Tierra Pura enseña que ese Otro Poder es sólo el poder del Voto Primal del Buda. Es el funcionamiento del poder del Buda Amida el que nos ayuda a alcanzar la iluminación, y es la razón por lo que vamos a renacer en la Tierra Pura.

Independientemente de la naturaleza de una persona, el Buda Amida no puede permanecer en silencio y abandonar a esa persona. Amida trabaja continuamente para despertar a todos los seres que están en el mundo de la ilusión (Samsara). Su trabajo aparece en la forma del Voto Primal y como el Nembutsu. Por lo tanto, significa que el Otro Poder, el Voto Primordial se manifiestan en el Nembutsu. Esta es la razón por la que se llama el Voto Primal del Otro Poder. El Budismo Tendai Tierra Pura es una mezcla del Otro Poder y el Poder Propio, ya que no estamos separados de Amida.

5

El Buda Amida

A nosotros los occidentales nos cuesta integrar a veces el pensamiento de que pueda existir una "Tierra Pura" en algún sitio, y de hecho esto nos suena un poco a cuento. En realidad esa "Tierra Pura" no está en ningún sitio físico, sino delante de nosotros todo el tiempo, invisible por las enfermedades de nuestro ego, nuestros deseos y aversiones.

Por otro lado, tampoco hay que caer en la fácil ilusión de pensar que la existencia de una Tierra Pura creada por la compasión del Buda Amida es sólo una mera ficción que sirve a un fin práctico; al contrario es una realidad que sólo nuestra ignorancia nos impide vivir. Así lo han afirmado desde siempre aquellos que ya no están sujetos al nacimiento y a la muerte.

La vía de la Tierra Pura se centra en la experiencia personal y se fundamenta en la práctica de las Cuatro Nobles Verdades, el Noble Camino Óctuple, el canto y la meditación. La vía del Budismo Tierra Pura es la vía de la devoción, el practicante pone su corazón y mente en Amida o su Voto de amor, oye profundamente su voz sagrada dentro de su corazón, entonces afirma y confía en esta presencia viva que es su propia naturaleza verdadera, y con una gran alegría recita el Nembutsu-Namu-Amida-Butsu. A partir de ahí, profundiza la práctica del Nembutsu y ayuda a otros a despertar a su Budeidad.

Revelado por el Buda histórico hace 2,600 años, el nombre Amida deriva del sánscrito, Amitabha o Amitayus, que significan vida y luz inmensurable o unidad. La palabra Amida es una personificación o símbolo para indicar la dimensión trascendental y misteriosa, que es "no nacida, no creada y sin forma" también conocida como Dharmakaya, Sunyata (vacío), la vida única, la Gran Compasión y la naturaleza Buda. Amida es una personificación o símbolo de la realidad trascendental y esta dimensión está más allá de la palabra e idea de Amida y nuestra naturaleza de Buda es el vehículo que nos permite experimentar esta dimensión.

Amida señala a la fuerza vital sin nombre que nos soporta o la verdad que nos rodea e impregna que trabaja incesantemente para despertarnos a la realidad tal y como es, es decir nirvana. Amida es el pariente que ofrece su amor incondicional y compasión universal y que asegura que la liberación espiritual es para todos.

Todas las cosas están dentro y se originan en la dimensión infinita, que es como un despliegue de la tela interpenetrativa e infinita de la consciencia pura, personificada como Amida. Todo en la vida se manifiesta y se interpenetra con todas las cosas y tiene su realidad verdadera en todo. Esta realidad dinámica se llama Sunyata o vacío, en la cual no hay un sí mismo o identidad individual sino que todas las cosas están llenas de la totalidad, que es la unidad de la realidad, personificada como el Buda Amida. La realidad es como un holograma que ha sido roto en pedazos incontables. Cada pedacito quebrado contiene la imagen entera del holograma, pero cada pedacito no puede decir que es el holograma entero ni tampoco posee la suma de todos los pedazos rotos expresado en la imagen original.

La dimensión holográfica sostiene que en la base más profunda de la realidad, las vidas de cada ser viviente, incluyendo la realidad de las galaxias, estrellas y mundos no son entidades separadas y solitarias sino que hay una fuerza vital debajo de lo que llamamos nuestras vidas individuales que es realmente la misma vida y la misma consciencia que se manifiesta en todos los seres y cosas, animadas e inanimadas en todo el universo. El verdadero sí-mismo es en realidad la misma vida compartida por todos los seres y el universo. Este verdadero sí mismo se simboliza como Buda Amida, que también tiene otros nombres como la Unidad de la Vida y Luz, la Única Vida, La Gran Compasión, la naturaleza de Buda, rigpa o la Vida y Luz Inmensurable

El Buda Amida es la personificación de la no-dualidad sin nombre de la existencia. Es el océano espiritual ilimitado de vida y luz, y a la par es la fundación completa de todo en el universo, incluyendo nuestra consciencia de ello. Todas las cosas dentro del cosmos pueden ser relacionadas con las ondas en ese océano ilimitado del espacio-tiempo. Todas las olas de la vida surgen del mismo manantial de agua universal. Algunas olas son más grandes y otras más pequeñas, pero todas son finitas y destinadas a subir y después a bajar nuevamente dentro de la calma de las aguas profundas. Somos uno con el Buda Amida (el océano espiritual) y el Buda Amida es uno con nosotros (las olas).

El Budismo de la Tierra Pura considera que la historia sagrada de Amida es una metáfora y un hecho no histórico. El Buda señaló que el dedo que señala la luna no es la luna, sino que indica la dirección de la luna, que está más allá de nuestro pensamiento conceptual. La actividad incesante de la compasión universal es la base de la realidad y es nuestra naturaleza verdadera.

Practicar la Vía del Nembutsu es experimentar cada momento a través de la práctica de recitación y el canto "tomo refugio (confío) en el Buda de la Vida y de la Luz Inmensurables."

El Buda Amida es la encarnación de la iluminación, la compasión y la sabiduría. El Buda Amida puede ser considerado como un símbolo tanto del Buda histórico Shakyamuni, así como el Dharma mismo.

Según el Sutra de la Vida Inmensurable predicado por el Buda Shakyamuni, el Buda Amida era conocido como Dharmakara Bodhisattva en el pasado distante. Se dice que durante la época del Buda Lokesvaraja, él era el rey de un país y, después de haber oído el Dharma enseñado por el Buda Lokesvaraja, renunció a su trono para aprender el Dharma del Buda bajo Lokesvaraja. Fue durante este tiempo que él deseaba crear su propia Tierra Pura para beneficiar a otros seres sintientes, y bajo el Buda Lokesvaraja, estableció su 48 votos. Dharmakara Bodhisattva prometió que si sus votos no eran cumplidos, no alcanzaría la iluminación.

Los 48 votos se condensan en el voto 18, conocido como el Voto Primal, que dice: "Si yo fuera a ser un Buda, y la gente, al oír mi nombre, tener fe y alegría y recitarlo de hasta diez veces, no nacieran en mi Tierra Pura, no alcanzaré la iluminación.

Dharmakara Bodhisattva ya ha cumplido el voto especial de salvar a todos los seres sintientes y se ha convertido en el Buda Amida. Mientras que los otros Budas ayudan a las personas que acumulan acciones meritorias, por medio de la práctica de actividades de meditación y perfeccionando su sabiduría, el Buda Amida salva el ser lleno de pasiones ciegas y mal karma a través de sus méritos (Voto Primal) y nombre (Nembutsu). Esa es la persona que se da cuenta de sí mismo como ser verdaderamente humano (ignorante y malvado) y se entrega completamente en manos del Buda de la Luz Infinita.

Los 48 Votos

El Buda Amida, en el Sutra del Buda de la Luz y la Vida Infinita, también conocido como el Largo, hizo 48 votos que prometen salvar a todos los seres en los Diez Mundos. Estos votos son:

(1) Si, cuando obtenga la Budeidad, en mi tierra hay un infierno, un dominio de espíritus hambrientos o un dominio de animales, que no pueda obtener la Iluminación perfecta.

(2) Si, cuando obtenga la Budeidad, los humanos y los devas en mi tierra después de la muerte, caen en los tres dominios diabólicos, que no pueda obtener la Iluminación perfecta.

(3) Si, cuando obtenga la Budeidad, los humanos y los devas en mi tierra, no son todos del color del oro puro, que no pueda obtener la Iluminación perfecta.

(4) Si, cuando obtenga la Budeidad, los humanos y los devas en mi tierra, no son todos de una sola apariencia, no habiendo ninguna diferencia en belleza, que no pueda obtener la Iluminación perfecta.

(5) Si, cuando obtenga la Budeidad, los humanos y los devas en mi tierra no recuerdan sus vidas previas, no conociendo por lo menos los eventos que ocurrieron durante los previos cien mil kotis de nayutas de kalpas, que no pueda obtener la Iluminación perfecta.

(6) Si, cuando obtenga la Budeidad, los humanos y los devas en mi tierra no poseen el ojo divino de ver por lo menos cien mil kotis de nayutas de las tierras de Buda, que no pueda obtener la Iluminación perfecta.

(7) Si, cuando obtenga la Budeidad, los humanos y los devas en mi tierra no poseen el oído divino de oír las enseñanzas de por lo menos cien mil kotis de nayutas de las tierras de Budas y no recuerden todas ellas, que no pueda obtener la Iluminación perfecta.

(8) Si, cuando obtenga la Budeidad, los humanos y los devas en mi tierra, no poseen la facultad de conocer los pensamientos de otros, incluso aquellos pensamientos de todos los seres sintientes viviendo en a cien mil kotis de nayutas de las tierras de Buda, que no pueda obtener la
Iluminación perfecta.

(9) Si, cuando obtenga la Budeidad, los humanos y los devas en mi tierra, no poseen el poder sobrenatural de viajar a todas partes en un instante, incluso más allá de los cien mil kotis de nayutas de las tierras de Buda, que no pueda obtener la Iluminación perfecta.

(10) Si, cuando obtenga la Budeidad, los humanos y los devas en mi tierra, hacen surgir los pensamientos de auto-apego, que no pueda obtener la Iluminación perfecta.

(11) Si, cuando obtenga la Budeidad, los humanos y los devas en mi tierra no viven en el Estado de Seguridad Definitiva y finalmente alcanzan el Nirvana, que no pueda obtener la Iluminación perfecta.

(12) Si, cuando obtenga la Budeidad, mi luz estará limitada y será incapaz de iluminar, incluso cien mil kotis de nayutas de las tierras de Buda, que no pueda obtener la Iluminación perfecta.

(13) Si, cuando obtenga la Budeidad, mi tiempo de vida deberá ser limitado, incluso hasta la extensión de cien mil kotis de nayutas de kalpas, que no pueda obtener la Iluminación perfecta.

(14) Si, cuando obtenga la Budeidad, el número de Shravakas en mi tierra no puede conocerse, incluso si todos los seres y Pratyekabuddhas viviendo en este universo de mil millones de mundo tienen que contarlos durante cien mil kalpas, que no pueda obtener la Iluminación perfecta.

(15) Si, cuando obtenga la Budeidad, los humanos y los devas en mi tierra tienen que tener tiempos de vida limitados,

excepto cuando ellos deseen acortarlos de acuerdo con sus previos votos, que no pueda obtener la Iluminación perfecta.

(16) Si, cuando obtenga la Budeidad, los humanos y los devas en mi tierra tienen incluso que oír algunas ofensas o transgresiones, que no pueda obtener la Iluminación perfecta.

(17) Si, cuando obtenga la Budeidad, los innumerables Budas de tierra de las diez direcciones no alaban y glorifican mi Nombre, que no pueda obtener la Iluminación perfecta.

(18) Si, cuando obtenga la Budeidad, los seres sintientes en las tierras de las diez direcciones que sincera y felizmente confíen en mí, aspiren a nacer en mi tierra y me llamen por mi Nombre incluso diez veces, no deberán nacer allí, que no pueda obtener la Iluminación perfecta. Excluyendo sin embargo, aquellos que comenten las cinco graves ofensas y abusan al Dharma correcto.

(19) Si, cuando obtenga la Budeidad, los seres sintientes en las tierras de las diez direcciones, que despierten la aspiración por la Iluminación, haciendo variadas acciones meritorias y sinceramente deseando nacer en mi tierra, no nacen en ella y a su muerte no me ven aparecer ante ellos rodeado por una multitud de santos, que no pueda obtener
la Iluminación perfecta.

(20) Si, cuando obtenga la Budeidad, los seres sintientes en las tierras de las diez direcciones, quienes habiendo oído mi Nombre y concentran sus pensamientos en mi tierra, haciendo variadas acciones meritorias y sinceramente transfiriendo sus méritos hacia mi tierra con el deseo de nacer ahí, no logran

finalmente su aspiración, que no pueda obtener la Iluminación perfecta.

(21) Si, cuando obtenga la Budeidad, los humanos y los devas en mi tierra son dotados con las treinta y dos características de un Gran Hombre, que no pueda obtener la Iluminación perfecta.

(22) Si, cuando obtenga la Budeidad, los Bodhisattvas en las tierras de Buda y otras direcciones que visitan mi tierra, finalmente no puedan y deben alcanzar sin fracasar, la Etapa de Llegar a Ser un Buda después de Una Vida Más, que no pueda obtener la Iluminación perfecta. Excepto aquellos quienes desean enseñar y guiar los seres sintientes de acuerdo con sus votos originales. Porque ellos usan la armadura de los grandes votos, acumulando méritos, liberando todos los seres del nacimiento y la muerte, visitando las tierras de Buda para ejecutar las prácticas de los Bodhisattvas, haciendo ofrendas a los Budas, Tathagatas, a través de las diez direcciones, iluminando incontables seres sintientes como las arenas del Río Ganges, y estableciéndolos en máxima Iluminación perfecta. Tal Bodhisattva trasciende el curso de la práctica de las Etapas del Bodhisattva común y de hecho cultiva las virtudes de Samantabhadra.

(23) Si, cuando obtenga la Budeidad, los Bodhisattvas en mi tierra, quienes hicieran ofrendas a los Budas a través de mi poder divino, no pueden ser capaces de alcanzar los innumerables e inmensurables kotis de nayutas, de las tierras de Buda, en el corto tiempo que toma comer una comida, que no pueda obtener la Iluminación perfecta.

(24) Si, cuando obtenga la Budeidad, los Bodhisattvas en mi tierra no deben ser capaces, a medida que lo deseen, de ejecutar actos beneméritos de culto y homenaje al Buda con las ofrendas de su elección, que no pueda obtener la Iluminación perfecta.

(25) Si, cuando obtenga la Budeidad, los Bodhisattvas en mi tierra no deben ser capaces, de exponer el Dharma con la Sabiduría que todo lo conoce, que no pueda obtener la Iluminación perfecta.

(26) Si, cuando obtenga la Budeidad, hay algún Bodhisattva en mi tierra que no esté dotado con el cuerpo del dios Vajra-Narayana, que no pueda obtener la Iluminación perfecta.

(27) Si, cuando obtenga la Budeidad, los seres sintientes no son capaces, incluso con el ojo divino de distinguir por nombre y calcular por número todas las miradas de manifestaciones provistas para los humanos y devas en mi tierra, que son gloriosas y resplandecientes y tienen detalles exquisitos más allá de la descripción, que no pueda obtener la Iluminación perfecta.

(28) Si, cuando obtenga la Budeidad, los Bodhisattvas en mi tierra, incluso aquellos con pocos méritos acumulados, no son capaces de ver el árbol del Bodhi que tiene incontables colores y tiene cuatro millones de li de alto, que no pueda obtener la Iluminación perfecta.

(29) Si, cuando obtenga la Budeidad, los Bodhisattvas en mi tierra no adquieren la elocuencia y la sabiduría

perpetuando los Sutras y recitándolos y exponiéndolos, que no pueda obtener la Iluminación perfecta.

(30) Si, cuando obtenga la Budeidad, la sabiduría y la elocuencia de los Bodhisattvas en mi tierra son limitadas, que no pueda obtener la Iluminación perfecta.

(31) Si, cuando obtenga la Budeidad, mi tierra no es resplandeciente, revelando en su luz todas las tierras inmensurables, innumerables e inconcebibles del Buda, como imágenes reflejadas en un espejo claro, que no pueda obtener la Iluminación perfecta.

(32) Si, cuando obtenga la Budeidad, todas las miradas de manifestaciones en mi tierra, desde la tierra hasta el cielo, tales como palacios, pabellones, estanques, torrentes y árboles, no están compuestos de ambos, incontables tesoros, que sobrepasan en una excelencia suprema a cualquier cosa en los mundos de los humanos y los devas, y de cien mil clases de maderas aromáticas, cuyas fragancias penetra todos los mundos de las diez direcciones, causando a todos los Bodhisattvas que las sienten que ejecuten las prácticas Budistas, que no pueda obtener la Iluminación perfecta.

(33) Si, cuando obtenga la Budeidad, los seres sintientes en las tierras inmensurables e inconcebibles de Buda, quienes han sido tocados por mi luz, no sienten la paz y la felicidad en sus cuerpos y mentes excediendo la de los humanos y los devas, que no pueda obtener la Iluminación perfecta.

(34) Si, cuando obtenga la Budeidad, los seres sintientes quienes han oído mi Nombre, en las tierras de las diez direcciones, inmensurables e inconcebibles, de Buda, no

obtienen el discernimiento de Bodhisattva en el no-surgimiento de todos los dharmas y no adquieren los variados y profundos Dharanis, que no pueda obtener la Iluminación perfecta.

(35) Si, cuando obtenga la Budeidad, las mujeres en las tierras de las diez direcciones, inmensurables e inconcebibles de Buda, quienes habiendo oído mi Nombre, se regocijen en la fe, despertando la aspiración por la Iluminación y deseen renunciar a ser mujer, y después de morir renacen como mujeres, que no pueda obtener la Iluminación perfecta.

(36) Si, cuando obtenga la Budeidad, los Bodhisattvas en las tierras de las diez direcciones, inmensurables e inconcebibles de Buda, quienes habiendo oído mi Nombre, no ejecutan siempre, después del final de sus vidas, las prácticas sagradas hasta que alcancen la Budeidad, que no pueda obtener la Iluminación perfecta.

(37) Si, cuando obtenga la Budeidad, los humanos y los devas en las tierras de las diez direcciones, inmensurables e inconcebibles de Buda, quienes habiendo oído mi Nombre, se postran por sí mismos sobre la tierra para reverenciarme y adorarme, se regocijan en fe, y ejecutan las prácticas de Bodhisattva, no son respetados por todos los devas y las personas del mundo, que no pueda obtener la Iluminación perfecta.

(38) Si, cuando obtenga la Budeidad, los humanos y los devas en mi tierra no obtuvieran vestiduras tan pronto como el deseo de ello surgiera en sus mentes, y si los más finos mantos como los prescritos y admirados por los Budas no fueran espontáneamente proveídos para que ellos los usaran, y si esas

vestiduras necesitaran coserse, blanquearse, teñirse o lavarse, que no pueda obtener la Iluminación perfecta.

(39) Si, cuando obtenga la Budeidad, los humanos y los devas en mi tierra no disfrutan la felicidad y el placer comparable a ese de un monje que ha terminado con todas sus pasiones, que no pueda obtener la Iluminación perfecta.

(40) Si, cuando obtenga la Budeidad, los Bodhisattvas en mi tierra, que deseen ver las inmensurables y gloriosas tierras de Budas de las diez direcciones, no son capaces de verlas reflejadas en los árboles cristalinos enjoyados con piedras preciosas, al igual que uno ve su faz reflejada en un espejo claro, que no pueda obtener la Iluminación perfecta.

(41) Si, cuando obtenga la Budeidad, los Bodhisattvas en las tierras de otras direcciones que oigan mi Nombre, tienen en cualquier momento, antes de llegar a ser Budas, los órganos sensoriales dañados, o son inferiores o están incompletos, que no pueda obtener la Iluminación perfecta.

(42) Si, cuando obtenga la Budeidad, los Bodhisattvas en las tierras de las otras direcciones que escuchan mi Nombre, no logran todos el Samadhi llamado 'la emancipación pura', y mientras viven en él, sin perder la concentración, no son capaces de hacer ofrendas en un instante a los inmensurables e inconcebibles Budas, los Honorables del Mundo, que no pueda obtener la Iluminación perfecta.

(43) Si, cuando obtenga la Budeidad, los Bodhisattvas en las tierras de las otras direcciones que escuchan mi Nombre, después de haber muerto, no renacen en familias nobles, que no pueda obtener la Iluminación perfecta.

(44) Si, cuando obtenga la Budeidad, los Bodhisattvas en las tierras de las otras direcciones que escuchan mi Nombre, no se regocijan grandemente como si estuvieran danzando y ejecutaran las prácticas Bodhisattvas, y no adquieren acumulaciones de créditos, que no pueda obtener la Iluminación perfecta.

(45) Si, cuando obtenga la Budeidad, los Bodhisattvas en las tierras de las otras direcciones que escuchan mi Nombre no obtienen el Samadhi llamado 'igualdad universal', y mientras viven en él, no siempre son capaces de ver todos los inmensurables e inconcebibles Tathagatas, hasta que ellos mismo también lleguen a ser Budas, que no pueda obtener la Iluminación perfecta.

(46) Si, cuando obtenga la Budeidad, los Bodhisattvas en mi tierra, no son capaces de oír espontáneamente cualquier enseñanza que deseen, que no pueda obtener la Iluminación perfecta.

(47) Si, cuando obtenga la Budeidad, los Bodhisattvas en las tierras de las otras direcciones que oigan mi Nombre, e instantáneamente no alcanzan la Etapa de la No-regresión, que no pueda obtener la Iluminación perfecta.

(48) Si, cuando obtenga la Budeidad, los Bodhisattvas que escuchen mi Nombre, en las tierras de las otras direcciones, instantáneamente no logran el primero, segundo y tercer discernimiento en la naturaleza de los dharmas, y firmemente viven en las verdades realizadas por todos los Budas, que no pueda obtener la Iluminación perfecta.

El Voto Primal

El Voto Primal es la voluntad universal básica. Cuando los Bodhisattvas de la tradición Mahayana transitan el camino a la Budeidad, su voluntad no es sólo para buscar el despertar para sí mismos, sino para que todos los seres alcancen la Budeidad. Por lo tanto, esta voluntad busca beneficiar a los demás; esta voluntad básica se denomina Voto Universal.

Todos los Bodhisattvas poseen sus propios votos especiales, llamados los votos del Bodhisattva. El Bodhisattva Dharmakara (quien se convirtió en el Buda Amida) tiene sus propios votos, a los que se refiere a veces como los 48 votos. De estos votos, el voto 18 se llama el Voto Especial, ya que emancipa a todos los seres vivos sin condiciones. Por lo tanto, se le llama la gran voluntad, la que se extiende eternamente:

"Si, después de mi Budeidad, todos los seres de las diez direcciones del universo, que con sinceridad de corazón y deseando renacer en mi país, repitiendo mi nombre tal vez diez veces, no son capaces de nacer, no alcanzaré la Iluminación más alta."

Imagine que un niño vive dentro de los deseos amorosos de sus padres. Estos deseos de los padres son simplemente deseos, pero tienen el poder de ser actualizados en la vida del niño. Por lo tanto, los deseos de los padres trabajan siempre para el beneficio del niño. De la misma manera, el Voto Primal de Amida se coloca en cada uno de nosotros y al mismo tiempo, se convierte en un poder que apoya nuestra existencia.

Este poder se llama el Otro Poder o el poder del Voto Primal, y su acción se llama eko (transferir el mérito de uno) es decir, la dirección de los beneficios a todos los seres que le ayudarán a lograr despertar.

Los deseos de los padres se expresa en forma de un hermoso amor por sus hijos, y no para otros niños, pero este amor puede convertirse en desagradable egoísmo. Por el contrario, el Gran Voto de compasión del Buda se extiende a todos por igual. Es verdaderamente el voto que "no discrimina si uno es joven o viejo, bueno o malo".

El Nembutsu

Como se mencionó anteriormente, el Voto Primal del Otro Poder se concreta finalmente en el Nembutsu. El Nembutsu existe solamente por el bien de nuestra liberación; no es estático, sino que está constantemente activo y moviéndose dinámicamente para despertarnos. Este intenso movimiento llega a nosotros y se revela como Shinjin.

Al mismo tiempo, se revela a través de la expresión del Nembutsu. Al entrar en nuestra mente y nuestro corazón, recibimos este movimiento activo constante como una expresión del Buda Amida. Al igual que el dulce de la fragancia de una sola flor de cerezo que revela la llegada de la primavera o el grillo en el campo que revela la llegada del otoño, el Nembutsu se manifiesta en nosotros como una voz interior, como una llamada de despertar por el Buda Amida en su gran compasión.

Solemos entender la recitación del Nembutsu como la condición para el despertar, pero esta interpretación es completamente incorrecta. El hecho de que el Nembutsu se revela en el rezo es una prueba de las acciones del Buda Amida que ayudan a alcanzar la iluminación han llegado hasta nosotros. Por lo tanto, agradecemos la importancia de incluso una sola persona que recita el Nembutsu. Debemos reconocer el poder del Nembutsu mientras lo recitamos. Dado a que las personas siempre están buscando la felicidad en este mundo ilusorio, el Nembutsu nos puede llevar a la felicidad. La razón es que sólo el Nembutsu nos proporciona la energía para vivir plenamente hasta que volvamos a la Tierra Pura.

Recorrer el camino budista es experimentar una nueva vida llena de compasión, sabiduría y belleza en cada momento. Su práctica principal de expresar y cantar el Nembutsu es el catalizador para vivir esta vida vigorizante del despertar. El origen y la naturaleza del Nembutsu es el Buda Amida. El Nembutsu es la encarnación viviente del Buda Amida. ¿Qué significa Namu-Amida-Butsu?

En primer lugar, es la versión japonesa del mantra original en sánscrito "Namo Amitabha Buddhaya", que significa "me refugio (confío) en el Buda de la Vida y Luz Inmensurable". Nembutsu es el término japonés para recitar el nombre del Buda Amida.

El Nembutsu es la oración viva; el rezo esencial de Amida que nos permite vivir una vida verdaderamente feliz y significativa mediante la transformación de nuestra confusión y el sufrimiento en nuestro verdadero potencial como seres humanos auténticos, y nos permite renacer espiritualmente en la Tierra Pura. Es necesario aclarar que la Nembutsu no es una práctica para alcanzar la liberación espiritual, sino que es la viva expresión de la Mente Iluminada, y transmitimos nuestra profunda gratitud por el regalo de Amida de la liberación de nosotros y todos los seres. El Nembutsu no es un llamado al Buda Amida, sino que es Amida llamándonos. ¿Qué significa Namu-Amida-Butsu?

Namu

El componente Namu representa a todos nosotros, seres comunes que transcurren por el océano del nacimiento y la muerte. Namu, también, transmite nuestra devoción al Buda Dharma y se centra en la compasión del Buda. Por la fe, el estudio y la práctica del Nembutsu, nuestras vidas van a mejorar naturalmente por el impulso innato del Buda (Voto Primal); por ello, evolucionamos gradualmente a nuestro potencial y estamos capacitados espiritualmente para hacer de nuestro mundo un lugar mejor para vivir.

Amida

Amida es el Buda Amida, pero también representa ese gran océano de luz, vida y compasión que es generado por el amor del universo para con sus seres. Esta dimensión última también conocida en términos budistas como el Dharmakaya, y es personificada como Amida, es la expresión viva de la vida inmensurable y de la luz, y es la vida de todos los seres de nuestro vasto universo. Además, la dimensión final es sin descripción, no tiene ubicación definitiva y no tiene principio ni fin, pero puede ser experimentado en el eterno ahora a través de la sonoridad del Nembutsu. Siendo uno con todas las cosas, Amida corresponde a la compasión absoluta, porque ella misma se identifica con las alegrías y las penas de todos los seres.

Butsu

Butsu es una palabra japonés que significa Buda, un título honorífico que simboliza la mente viva y la esencia del despertar. Butsu es el vehículo para expresar nuestras vidas porque une las realidades separadas de Namu y Amida. Como creador del Voto Primal y nuestra recitación del Nembutsu, el Buda es el impulso dinámico kármico que nos hace conscientes de nuestras limitaciones (Namu) dentro del abrazo de compasión ilimitada (Amida). Butsu corresponde al amor incondicional y la aceptación total, porque el Buda quiere que todos los seres estén libres del sufrimiento, y trabaja incesantemente para liberarlos sin distinción de raza, género, clase, inteligencia, religión o condición moral.

Además, Butsu apunta a una forma de vida, en la que a través de la devoción y la práctica, podemos experimentar un estilo de vida abierto, libre y natural en la intersección de Namu y Amida. Es decir, Butsu es una vida despertado en la unión de la dimensione histórica y última. Esta forma natural de vida está marcada por la libertad, el amor y la gratitud.

Cuando oímos profundamente de la compasión inmensurable de Amida, llamamos su nombre con gratitud como Namu Amida Butsu. Namu es nuestro lado, Amida Butsu es el Otro Lado. Sin embargo, estos dos son la unidad. Namu Amida Butsu, el Nembutsu, es la unidad entre yo -el sujeto limitado- y Amida, -el objeto infinito-. No hay ninguna separación entre yo y Amida. Estamos dentro de la compasión de Amida; entonces el Nembutsu es una expresión de gratitud para la compasión universal que se llama Amida Buda.

El Nembutsu es el murmullo espiritual del cosmos o se puede decir, la llamada de la Vida misma que se manifiesta en nuestro corazón y mente. Es esta unión de todos los contrarios el yo limitado y confuso se integra con la vida y luz ilimitadas. Con Namu-Amida-Butsu, la incertidumbre y muerte se transforman en seguridad y vida eternas. El individuo finito, frágil y mortal está fundido dentro de la vida infinita, simbolizada por el Buda Amida.

En su raíz, la recitación del Nembutsu es una práctica no-dual, es decir, su expresión apenas se origina de nuestra volición y es realmente el resultado del funcionamiento incesante de la vida ilimitada dentro de nosotros. Namu-Amida-Butsu, como vehículo a la liberación espiritual, permite que se combinen nuestras vidas finitas con la fuente más profunda de la realidad y participar así conscientemente en la Tierra Pura, el Reino de la Vida y Luz Eterna.

Este funcionamiento incesante del Nembutsu disuelve gradualmente nuestro yo ficticio, y nos permite la realización de una vida en la que ya no estamos limitados por nuestro yo aislado sino que vivimos en el nexo de las dimensiones infinita e histórica en la cual se reúne todo: afirmativo y negativo, pasado, presente y futuro dentro de la Tierra Pura.

Amida no habita separado de nuestra naturaleza verdadera que ha estado siempre dentro de nosotros y la recitación de Namu-Amida-Butsu es simplemente la manifestación de su presencia completa y viva en nuestra experiencia y consciencia. Sólo recita el Nembutsu y libérate. Este proceso espiritual culmina con el Shinjin, la experiencia del despertar, en la cual el Nembutsu surge naturalmente de nuestra fuente más profunda.

Una consecuencia clara de los párrafos anteriores es que el Buda Amida de alguna manera está contenido en su nombre, invocado como Namu Amida Butsu. Todo su poder, los méritos y las virtudes están contenidos en estas palabras para ser vertidos sobre la mente y el corazón del practicante. El nombre aparece como el medio más directo y profundo por el cual la absoluta y trascendente realidad - el Dharmakaya - es capaz de asumir una forma que pueda ser comprendida y asimilada por todos. Es la verdadera manifestación de la compasión de Buda que adopta un medio más sencillo y perceptible para la gente común para hacer que se encomienden a su sabiduría infinita. Es el vehículo (yana) con menos condiciones, de ahí su idoneidad en esta época decadente del Dharma.

¿Cómo es posible, entonces, que algo aparentemente tan simple como un nombre puede constituir un repositorio de poder ilimitado? Sin duda, un conjunto de palabras que resultan de una mera convención lingüística no pueden poseer la extraordinaria influencia detallada. La clave para entender este asunto, sin embargo, es reconocer que el Buda Amida y su nombre son uno. Esto significa que no hay diferencia esencial - a pesar de las apariencias - entre la esencia de la realidad más profunda del Buda y las formas que decide asumir para comunicarse a sí mismo. De hecho, de acuerdo con el punto de vista ontológico del Mahayana, toda la realidad tal como la percibimos con todos sus innumerables formas no es otra cosa que la manifestación o la expresión (en el modo de materia) de la Realidad Absoluta. La infinitud del principio último de la existencia (tathata) se desarrolla desde su centro ilimitable e irradia como la panoplia variada que constituye el universo en todas sus dimensiones. En consecuencia, ninguna forma como tal puede constituir una barrera impenetrable para la divulgación de la naturaleza de Buda, porque estas formas son la extensión de esta naturaleza en sí misma.

Shinjin

Todas las religiones requieren Shinjin como un requisito central, revelado a través de conceptos tales como "tener fe", "no dudar", etc. Sin embargo, en la enseñanza del Budismo Tendai Tierra Pura, la fe tiene un significado completamente diferente de la de otras religiones.

En el Budismo Tierra Pura, se enseña que el Shinjin, que puede ser traducido como "completa entrega" o "completa seguridad", es la verdadera causa de lograr la Budeidad y el renacimiento en la Tierra Pura.

Esto no significa, sin embargo, que la adquisición de Shinjin es lo mismo que ser salvo. El término "yo creo" es considerado como un pensamiento o una creencia proveniente de la mente ilusoria de una persona ordinaria. Shinjin, por otro lado, se conoce como mente verdadera, porque es la mente del Buda. Cuando la mente del Buda llega a nuestra mente y corazón, es llamada Shinjin. Es el verdadero espíritu del Otro Poder que es regalado y trasladado a la mente y corazón de una persona ordinaria. Por lo tanto, esto es todo el funcionamiento de la potencia del Voto Primal.

Pero, ¿cómo puede el Shinjin, o la mente del Buda, llegar a la mente de una persona ordinaria? La respuesta está en simplemente "escuchar". Sin escuchar, Shinjin estará permanentemente indisponible para nosotros. Por otra parte, escuchar no significa sólo escuchar, sino escuchar y reflexionar sobre nuestra vida cotidiana y apreciar su importancia. Esta es la razón por la que las enseñanzas se refieren a este estado como "escuchar cuidadosamente". Cuando escuchamos cuidadosamente, la mente del Buda aparecerá en nuestra mente como Shinjin. El significado más profundo del escuchar se describe en frases como "escuchar es la verdadera mente" y "revelar la verdadera mente del Shinjin". Escuchar con el fin de aumentar nuestro conocimiento o para enriquecer nuestra mente no dará lugar a una verdadera comprensión del Shinjin que conduce al nacimiento en la Tierra Pura. Por otra parte, este tipo de escuchar, y el Shinjin, son la fuente de energía que nos da la fuerza para vivir en este mundo cruel y lleno de sufrimiento.

Shinjin es la característica de la mente y corazón de una persona que se ha confiado plena y absolutamente al Voto Primordial del Buda Amida. No es, sin embargo, algo inherente a la persona, ni algo que se cultiva y desarrolla. Shinjin se vuelve parte de nuestra mente y corazón, como la gracia otorgada por el Buda Amida.

Otro aspecto de la doctrina Tierra Pura es el énfasis en el espíritu de gratitud y humildad. El Budismo Tierra Pura creía que las personas existen gracias a las incontables obras de los demás. Así pues, es importante ser humilde y mostrar agradecimiento por la propia vida. Esta gratitud podía expresarse mediante el Nembutsu, pero también mediante una actitud apreciativa y amable hacia toda existencia.

El Verdadero Escuchar

La determinación de dejar todo lo relacionado con nuestra vida espiritual al Otro Poder es un asunto verdaderamente trascendental.

Para los practicantes del Budismo Tierra Pura, el Shinjin se desarrolla con el tiempo a través del "verdadero escuchar" (monpo), a través de la auto-reflexión y de la recitación del Nembutsu. Escuchar significa que los seres son conscientes, después de haber oído cómo surgió el Voto del Buda Amida - su origen y realización. "Jinen" también describe la forma y la naturalidad con la que ilumina la Luz Infinita de Amida sobre nosotros y transforma el mal profundamente arraigado kármicamente de innumerables renacimientos en buen karma. Cabe señalar que tal mal karma no se destruye sino que se transforma. El Budismo Tierra Pura se mantiene dentro de la comprensión de la tradición Mahayana del Sunyata o no-dualidad, y entiende que el Samsara y el Nirvana no están separados. Una vez que la mente del practicante se une con la naturaleza del Buda Amida y son dotados con el Shinjin, el practicante alcanza el estado de no-retorno, con lo cual después de su muerte se dice que él va a lograr la iluminación instantánea y sin esfuerzo. Él entonces volverá al mundo como un Bodhisattva, para que pueda trabajar por la salvación de todos los seres.

El Origen del Otro-Poder

El propósito del Otro Poder es lograr nuestro renacimiento en la Tierra Pura. Es el poder del Buda que nos ayuda a alcanzar la iluminación. Pero, ¿dónde se origina este poder del Buda? La respuesta radica en la iluminación del Buda Shakyamuni. Los elementos de iluminación tienen dentro de ellos la capacidad de traer a otros a la iluminación. Es como la luz que tiene en su naturaleza la capacidad de destruir la oscuridad. Es sólo cuando la luz llega a la oscuridad que la oscuridad desaparece. Del mismo modo, independientemente de cuan larga sea la oscuridad de nuestra ilusión y cuánto tiempo ha existido, la ilusión se destruye al instante en que la luz de la iluminación que nos llega.

No poseemos ningún poder en absoluto para alcanzar la iluminación por nosotros mismos. Vivimos en un mundo que no es propicio para practicar como deberíamos las enseñanzas del Buda. Pero a través de su sabiduría, los ojos del Buda Amida perciben esto y se apiadan de nosotros; no nos podría abandonar.

Poseyendo una mente con gran compasión, el Buda Amida no podría dejar de trabajar en nuestro favor. Este trabajo se llama Otro Poder y cuando se revela concretamente, toma la forma del Voto Primal. Por lo tanto, el Budismo Tierra Pura se basa en el Voto Primal del Otro Poder.

Pero hay que recordar que el Budismo Tendai Tierra Pura es una mezcla del Otro Poder y el Poder Propio, ya que nunca estamos separados de la Luz Infinita Compasiva del Buda Amida, quien extiende sus rayos de Sabiduria sobre nosotros para iluminar nuestra oscuridad fundamental y despertarnos a la Verdadera Realidad.

Tal Como Eres

Uno de los aspectos y doctrinas más importantes del Budismo Shin es la aceptación. El Buda Amida te acepta tal y como eres. Dado a que los seres humanos son criaturas carnales con pasiones ciegas, propensas a cometer un sin fin de errores y males, el Buda Amida juro alcanzar la iluminación para salvarnos a todos, sin importar tu ocupación, tu raza, tu credo, tu orientación sexual y ni siquiera tu religión.

Beneficios en Esta Vida

El lograr desarrollar el Shinjin tiene una cantidad sin límite de beneficios. Existen diez beneficios espirituales de la conciencia Shinjin en la vida presente: La ventaja de: 1) estar siempre protegido y sostenido por poderes invisibles, 2) estar en posesión de las virtudes supremas, 3) todo nuestro karma maligno se transforma en bueno, 4) estar siempre protegidos y cuidados por todos los Budas, 5) ser elogiado por todos los Budas, 6) estar constantemente protegido por la luz del corazón del Buda, 7) poseer siempre gran alegría en nuestros corazones, 8) teniendo conocimiento de la benevolencia de Amida y respondiendo con gratitud de sus virtudes, 9) practicar constantemente la gran compasión y 10) que entra en la etapa de la verdad fundada (shojoju), el Estado no regresivo.

Vivir en la Luz de la Compasión del Buda Amida

La idea general de la vida en el Otro Poder del Voto Primal es que debemos confiar de otras personas o las leyes que se imponen sobre nosotros, lo que resulta en vidas aburridas y pasivas. Este es entendimiento incorrecto del Otro Poder del Voto Primal del Budismo Tierra Pura.

A pesar de nuestras vidas extravagantes, experimentamos un gran vacío. Esta sensación de vacío y hambre no pueden saciarse a menos que elijamos una vida que nos lleva por el camino del Voto Primal. Una vez que una persona entra en la vida del Nembutsu, su vida se convierte en una vida maravillosa sin un solo elemento de miedo. Nos quedaremos libres de cualquier temor debido a la incertidumbre o el temor de ser castigados por los dioses o demonios. Debemos recibir este camino como el único camino hacia la libertad. Por lo tanto, uno de los puntos fundamentales del Budismo Tierra Pura es vivir plenamente dentro de las enseñanzas de la otra potencia del Voto Primal.

El Voto Primordial como metáfora expresa la Gran Actividad del universo, la realidad viva del amor incondicional y la compasión. Este flujo inconcebible y consciente de la vida y luz es un agente activo en nuestras vidas, funcionando con la multiplicidad de interconexiones que encontramos en nuestra experiencia cotidiana. El Budismo Tierra Pura refiere a la tela ilimitada de interconexiones como el co-surgimiento interdependiente, en el cual cada cosa se presenta o manifiesta debido a un número incontable de otras condiciones. Además, cada cosa se interpenetra con todas las otras cosas y tiene su última realidad en el Todo. Esta realidad dinámica se refiere a menudo como shunyata (vacío), en el cual no hay uno mismo o identidad individual, sino que todas las cosas están llenas de la totalidad.

Es importante saber que el Voto Primordial no es una energía sobrenatural sino la actividad natural del despertar, que transforma la falsedad y sufrimiento en la verdad y liberación. Es parte del universo, como lo son la gravedad, las galaxias o el tiempo, como la Tierra, nuestra familia, trabajo, amigos, gente que conocemos, nuestras mentes, etc. Su funcionamiento integral en nuestra vida diaria se llama Tariki, en el idioma japonés, la traducción castellana es Otro Poder o Poder Natural.. El Tariki es la negación de nuestros diseños egocéntricos como el jugador principal en la manipulación del flujo natural (tao) de la existencia y de la búsqueda religiosa.

Parte 4

El Renacimiento en la Tierra Pura

6

La Tierra Pura de la Felicidad

A menudo escuchamos que es inútil dar charlas sobre el Dharma del renacimiento en la Tierra Pura a la gente moderna porque no están preocupados por la vida después de la muerte, ni tampoco tienen el deseo de nacer en la Tierra Pura. ¿Es esto cierto?

La gente suele decir que ellos no entienden lo que es la Tierra Pura. En nuestra sociedad moderna y sistema educativo, que se basa en la ciencia de la lógica y la prueba, lo que no puede ser verificado por los sentidos no se acepta. Nunca dudamos de la veracidad de lo que vemos. Simplemente aceptamos que lo que vemos con nuestros ojos existe. Pero debemos cuestionar esta creencia. No importa lo bueno que nuestra vista pueda ser, nada se puede ver sin luz. Por lo tanto, decir que sólo existe lo que vemos es una tontería.

Por otra parte, si existe la Tierra Pura o no, o puede demostrarse claramente que existe, no es un componente necesario del Shinjin o del Nembutsu. Existen sin la necesidad de establecer la existencia de la Tierra Pura. ¿Dónde está la prueba de que existe la Tierra Pura? Sino hacerse primero la pregunta: ¿Quién soy yo?

Cuando finalmente entramos en el mundo del Shinjin y el Nembutsu tras practicar y estudiar el Dharma a profundidad, la existencia de la Tierra Pura se convierte en real y verdadera. Por lo tanto, a pesar de que los estudios en todo el mundo científico puedan negar su existencia, podemos afirmar la existencia de la Tierra Pura sin lugar a duda.

¿Qué es la Tierra Pura?

Rompiendo con el entendimiento convencional de las escuelas de la Tierra Pura más tradicionales del Budismo, como el Jodo Shu y el Jodo Shinshu, el Budismo Tendai Tierra Pura postula que el renacimiento en la Tierra Pura se encontraba en el medio de la vida, y no luego de la muerte. En el momento en que uno se confía al Buda Amida, el renacimiento en la Tierra Pura se concreta. Esto es equivalente a la etapa de "no retroceso" en el camino del Bodhisattva, una característica del Budismo Mahayana, que en el Budismo Tierra Pura se denomina Shinjin.

Muchas escuelas budistas de la Tierra Pura creen que el renacimiento en la Tierra Pura era un renacimiento literal, alcanzable sólo después de la muerte, y sólo después de ciertos rituales preliminares. Rituales elaborados fueron utilizados para garantizar el renacimiento en la Tierra Pura, incluyendo una práctica común en la que los dedos estaban atados por cuerdas a un cuadro o imagen del Buda Amida. Desde la perspectiva del

Budismo Tendai Tierra Pura, tales rituales revelan una falta de confianza en el Buda Amida, confiando en Jiriki ("Propio-Poder"), en lugar del Tariki u "Otro-Poder" del Buda Amida. Estos rituales también favorecen únicamente a aquellos que podían permitirse el tiempo y la energía para practicarlas o tenían dinero; otro obstáculo para las personas de clase baja. Para el Budismo Tendai Tierra Pura, la Tierra Pura es sinónimo del Nirvana.

Es un error decir que la Tierra Pura es el gozo final o el cielo. Del mismo modo, Tan-luan menciona: "Si una persona sin despertar el deseo de alcanzar la iluminación desea nacer en la Tierra Pura, simplemente busca el renacimiento para alcanzarla como si fuese un tipo de cielo, no tendrá su nacimiento en la Tierra Pura".

Lo que están diciendo es que nuestros deseos insatisfechos no se pueden cumplir en la Tierra Pura. La Tierra Pura es el reino de la verdadera realidad y la luz, en contraste con nuestro mundo temporal de la ilusión y la oscuridad. Como se describe en varios Sutras, la Tierra Pura muestra la manifestación de la mente de compasión del Buda.

En la Tierra Pura de Sukhavati, no existe la vejez, la enfermedad o la muerte. No existen los Tres Senderos del Mal - demonios, fantasmas y animales. Los que renacen en Sukhavati renacen espontáneamente en flores de loto, no desde el vientre en el dolor y en sangre. Una vez renacen, poseen cuerpos inmortales y transformados, y no entran de nuevo a través de encarnaciones en los reinos inferiores. Allí pueden ver al Buda Amida, a Avalokitesvara (Kannon Bosatsu) y Mahasthamaprapta (Seishi Bosatsu), quienes nos guían a la Iluminación.

En la Tierra Pura no hay cosas tales como la codicia, la ignorancia, la ira, la pereza o la contienda. Por encima de todo, no sólo los sabios, sino que incluso los pájaros y los árboles -como las manifestaciones del Buda Amida- exponer el Dharma continuamente. En presencia del Buda Amida, los seres en la Tierra Pura pueden lograr y mantener estados adecuados de concentración con facilidad, y finalmente, alcanzar la Iluminación completa.

Por otra parte, renacer en la Tierra Pura es lograr simultáneamente la Budeidad. Como lograr la Budeidad través de la práctica es fácilmente alcanzable en la Tierra Pura -gracias a que provee un ambiente propicio para ello- se entiende como que hemos nacido con el fin de convertirnos en automáticamente en un Buda.

¿Qué significa el Renacimiento en la Tierra Pura?

El término "ojo", que en japonés significa renacimiento, a menudo se malentiende como sucede en el Budismo en general, tendiendo a interpretarse como una situación sin salida o el hecho de morir. Su significado original sin embargo no tiene ninguna de esas connotaciones. El término "ojo" proviene de las enseñanzas básicas del Buda. Se utiliza en conjunción con el principio de la Originación Causal o no-ego/vacío.

En esencia, significa que lo que consideramos como el ego no posee una entidad permanente. Todo está vacío, por ejemplo, toda la existencia está compuesta de causas y condiciones. Por lo tanto, lo que vemos en la actualidad es sólo una existencia temporal.

Según los principios básicos del Budismo, no podemos aceptar como real algo que cambia constantemente; no podemos considerarlas entidades permanentes, existentes desde el principio de los tiempos. Todos tenemos una existencia temporal, basada en causas y condiciones. Debido a estas condiciones causales, es que podemos alcanzar la iluminación. En otras palabras, debido a que tenemos una existencia temporal y podemos cambiar, podemos convertirnos en un Buda. Por lo tanto, "ojo" significa volver a nacer desde el mundo de la ilusión al mundo iluminado, ser transformados de seres ordinarios en Budas.

Esto no significa sin embargo que el despertar se produce sólo después de la muerte. No entramos en la Tierra Pura solamente en el momento de la muerte. Podemos pensar que la recitación del Nembutsu es como un conjuro o hechizo mágico para que cuando muramos, Amida venga y nos lleve a la Tierra Pura. Por el contrario, en el momento en que recibimos Shinjin y recitamos el Nembutsu, ya estamos abrazados por la Luz de la Compasión del Buda Amida.

En otras palabras, el viaje a la Tierra Pura comienza en el mismo momento en que recibimos Shinjin. No es un camino que creamos sino un camino que se abre a nosotros desde la Tierra Pura. La vida de hoy de la ilusión, tal como es, es el camino hacia la Tierra Pura. Al rezar el Nembutsu, estamos ya en camino hacia la Tierra Pura.

Nuestras vidas están siempre conectadas con el mundo ilusorio. ¿Qué valor se puede colocar en una vida así? Esta vida

105

adquiere un gran significado cuando amablemente recibimos el Voto Primal del Buda Amida. La persona que hace esto se llama "shojoju" - el que es igual al Tathagata (Buda).

Ahora bien, ¿qué relación existe entre el Buda Amida y la Tierra Pura en relación con la verdad trascendental del Nirvana? En pocas palabras, el Buda Amida y la Tierra Pura son, en sí mismos, la Verdad misma. El Buda es la expresión personal de la Verdad y la Tierra Pura, su expresión impersonal o del medio ambiente. El aspecto personal posee dos fases, una negativa y una positiva, o no manifestada y manifestada. La forma de realización no manifestada de la Verdad es el Cuerpo del Dharma (Dharmakaya), y la forma de realización manifestada es el Cuerpo de Recompensa (Sambhogakaya; también conocido como el Cuerpo de Deleite) y el Cuerpo transformado (Nirmanakaya).

La característica esencial de la Tierra Pura es la Naturaleza del Dharma, pero se describe a menudo en los Sutras como una tierra glorificada con diversos adornos meritorios. Este aspecto fenomenal de la Tierra Pura es, en realidad, la encarnación manifestada de la Naturaleza del Dharma. Llamamos a este aspecto de la Tierra Pura la "Tierra de la Recompensa".

La Tierra Pura del Buda Amida es la verdadera esencia o naturaleza del Dharma. Pero el aspecto dinámico de su existencia como la esfera de actividad del Buda es de mayor importancia para nosotros. Debido a que la Tierra Pura es un reino trascendental, se describe como 'inconcebible'. Está más allá del alcance de la concepción humana, y casi parece como una "utopía" muy alejada de nuestro mundo real de la experiencia. Desde el punto de vista del Buda, sin embargo, la

Tierra Pura es la esfera de su actividad pura - la actividad natural y espontánea que fluye hacia fuera de la sabiduría suprema de la iluminación. La Tierra Pura existe aquí y ahora, sólo que no la podemos percibir por nuestras ilusiones, apegos e ignorancia fundamental.

Sin embargo, la luz de la sabiduría y compasión del Buda Amida nos abraza y nos abandona, perforando a través del núcleo de nuestra ignorancia, y nos da sentido a la vida y el mundo.

Parte 5

Las Prácticas del Budismo Tendai Tierra Pura

南无阿弥陀佛

110

7

Viviendo en el Nembutsu

La vida de un practicante budista se puede describir como una llena de simplicidad, paz, gratitud, sabiduría y compasión. Con la práctica, esta forma de vida se desarrolla naturalmente en sí misma, sin ningún esfuerzo propio, pues es parte del regalo del Buda Amida a través del Nembutsu y del Shinjin. Cuando nos dedicamos a la práctica diaria del Nembutsu, nuestras vidas serán transformadas naturalmente en la sustancia del Shinjin, la experiencia de despertar.

Es costumbre, en el Budismo tradicional, tomar refugio en las Tres Joyas del Buda, Dharma y Sangha:

Tomar refugio en el Buda es confiar en la luz, vida, amor y compasión del universo para con nosotros, simbolizados como Amida, el Buda de la Vida y Luz Inmensurables y su manifestación histórica, el Buda Shakyamuni. Uno ve al Buda histórico como nuestro gran maestro y la encarnación de nuestro potencial humano verdadero. Al final, el Buda es nuestra naturaleza verdadera o vida universal. Por lo tanto, cuando tomamos refugio en el Buda, realmente tomamos refugio en nosotros mismos. Tomar refugio en el Dharma es confiar en la realidad tal y como es, el cual se llama el océano de Sunyata y las enseñanzas del Buda. Tomar refugio en el Sangha es confiar en la comunidad de practicantes del camino budista que se esfuerza a manifestar y encarnar el reino iluminado aquí en la Tierra.

No se puede decir que es seguidor del camino budista sin tomar diariamente refugio en las Tres Joyas y practicar con esfuerzo los Preceptos básicos. Como consecuencia de nuestro acto de refugio, comenzamos naturalmente a desarrollar nuestro oído espiritual para prestar atención mejor a la llamada de la luz y de la vida (Amida) dentro de nuestros cuerpos y en el medio ambiente. Cuando oímos profundamente este llamado, con todo nuestro ser, colocamos nuestros corazones y mentes en el Voto Primal y el amor incondicional de Amida; llegara el momento en el que recitamos con Shinjin el Nembutsu.

Cada recitación del Nembutsu se considera la consolidación de todas las enseñanzas budistas y la encarnación viva de las Tres Joyas, que viene de nuestra naturaleza más profunda. Mientras que profundizamos nuestra práctica del Nembutsu, de poco a poco, nuestra práctica se hace parte de nosotros. Comenzamos a descartar nuestro egocentrismo y experimentamos un renacimiento espiritual. Esta renovación religiosa entonces afecta directamente nuestra manera de pensar y comportamiento y resulta que podemos transformar nuestras relaciones y mundo.

Aun así, el Nembutsu no es una fórmula mágica que resolverá tus problemas financieros, ni tus problemas maritales.

Aunque el Nembutsu no necesariamente resolverá los problemas de tu vida, te dará un centro solido e inmovible, que no se caerá no importa los problemas que transcurras, y te dará una visión más panorámica, amplia y tranquila de la vida. El Nembutsu no te cambiara necesariamente en el exterior, pero afrontaras los problemas con una seguridad y paz jamás antes experimentadas.

Pero hay que recordar siempre que esta paz no viene de ti, sino que es el regalo de Amida; por eso, decimos el Nembutsu en gratitud. El Nembutsu se vuelve algo que no pronuncias, sino que sale naturalmente de tu interior; es el llamado de Amida. El Buda Amida es quien lo está recitando por ti.

Podemos resumir las creencias budistas Tierra Pura en los siguientes puntos:

1. Creemos que hay una Vida, presente en cada uno, en todo y en todas partes, manifestándose en formas infinitas quién es la belleza y el poder del cosmos. Este no es Dios, pero es la que supera a un Creador y su creación y es nuestra naturaleza verdadera; por esta razón, el Buda es conocido como el maestro de dioses y humanos.

2. Creemos en la compasión universal. La Vida Una, simbolizada en nuestra tradición como Amida, el Buda de la Vida y Luz Inmensurables, que es infinito en espacio y en tiempo, y que se identifica con nuestros sufrimientos y alegrías y nos exige ser compasivos y cariñosos con los demás.

3. Creemos en la liberación universal. La Vida Una que activamente procura liberar a todos los seres, encarnándose

como el Nembutsu-Namu-Amida-Butsu; este Nembutsu viviente se revela cuando somos espiritualmente dirigidos para creer, oír, afirmarnos y confiarnos a la Vida Una, que es nuestra naturaleza verdadera.

4. Creemos que el Buda histórico, Shakyamuni, era la manifestación humana de Amida Buda. Por su parte, es la expresión compasiva de la dimensión última no conceptual, conocido como el Dharmakaya.

5. Creemos en las Tres Joyas: el Buda, el Dharma y el Sangha, como el mejor vehículo para tocar lo verdadero y auténtico, conectar con la belleza de la vida, y ofrecer un asilo seguro contra el sufrimiento e impermanencia.

6. Creemos que la vida es un paseo desigual y está llena de baches, pero el universo es fundamentalmente bueno; es nuestra vida conducida por el ego que causa la mayor parte del sufrimiento. Sin embargo, por suerte, nuestro egocentrismo puede ser transformado en una fuente de sabiduría y compasión (Budeidad). Este es la esencia de las Cuatro Verdades Nobles enseñadas por nuestro Buda hace 2,500 años.

7. Creemos que nada pasa por sí mismo pero todo es el resultado de karma (causa y efecto); esta realidad enfatiza la responsabilidad individual y el poder kármico universal de Amida Buda, simbolizado como el Voto Primal.

8. Creemos que en la interdependencia de todas las cosas, en las cuales todo simultáneamente co-surge con todo lo demás (creación mutua) y que cada forma es íntimamente la parte de todo lo demás.

9. Creemos en el Otro Poder (gracia). Ninguna vida es gastada o abandonada, sino que todos serán transformados por el funcionamiento natural de la Vida Una ilimitada.

10. Creemos que cada persona tiene un propósito natural de realizar la iluminación encarnada como el Nembutsu y dedicada al bienestar de todos los seres.

11. Creemos que la fe es una experiencia transformativa cuya fuente es Amida en sí mismo; se basa en la confianza verdadera y el entendimiento intuitivo y no es producto de creencias a ciegas, credos o dogmas.

12. Creemos que el renacimiento espiritual es el resultado directo del despertar cuando confiamos verdaderamente (Shinjin) en nuestra naturaleza trascendente, simbolizada como Amida.

13. Creemos que sin cortar las pasiones a ciegas, se puede alcanzar Nirvana. El renacimiento espiritual por el Nembutsu nos permite vivir en la coyuntura de las dimensiones históricas y últimas.

14. Creemos que la salvación eterna está aquí y ahora, y sin tener en cuenta su raza, género, estado moral, edad, religión, inteligencia o educación, todos pueden experimentar esta realidad interior; sólo se necesita despertar a y confiarse en la Vida Una, a través del Nembutsu.

15. Creemos que la Tierra Pura es el reino de iluminación (nirvana) y una imagen concreta del vacío (Sunyata), que es el dominio inmortal y eterno que supera más allá de la concepción, carente del odio, la avaricia y la ignorancia.

16. Creemos que la muerte es un nuevo principio, en el cual renacemos en la Tierra Pura, sólo entonces podemos volver a este mundo para ayudar a todos los seres a realizar la iluminación.

17. Creemos que el infierno no es eterno, pero es una condición temporal o un modo de pensar. Muchos de nosotros experimentamos unos aspectos de esta realidad cada día. Es importante saber que el mal no es una entidad viva, sino que es simplemente el síntoma de la ignorancia espiritual; así que el mal puede ser transformado en compasión y sabiduría.

18. Creemos que nuestro lado oscuro (bonpu) debe ser francamente abrazado a fin de experimentar realmente la luz interior transformativa; así que nos hacemos auténticamente enteros cuando realmente estamos metidos en la interacción continua de luz y oscuridad.

19. Creemos que los Sutras de la Tierra Pura son escrituras inspiradas, demostrando la intención verdadera del Buda. Para nosotros, éstos ofrecen la mejor enseñanza para vivir nuestras vidas; pero estamos abiertos a la totalidad del Buda Dharma y la espiritualidad mundial.

20. Creemos que nuestra comunidad sirve a la gente y la Tierra, como el Buda histórico sirvió a la gente y la Tierra.

21. Creemos que cada practicante Tierra Pura debería crecer en el Dharma, tener un compromiso verdadero con la Vida Una, servir a los demás y aprender a encarnar el Nembutsu para el bienestar de todos los seres.

Los Preceptos

En los tiempos del Buda Shakyamuni, los seguidores laicos budistas practican los cinco preceptos básicos de:

1. No matar
2. No robar
3. No mentir
4. No incurrir en mala conducta sexual
5. No abusar de sustancias intoxicantes.

El día 8, 14, 15, 23, 29 y 30 días de cada mes, los seguidores también practicaron otros tres preceptos:

1. No sentarse en sillas altas cómodas y no dormir en camas cómodas.
2. No usar adornos o joyas o perfume, y no ir a los lugares de entretenimiento usuales.
3. No comer después de mediodía.

En los países del Sur de Asia, como Myanmar, Tailandia y Sri Lanka, estos preceptos siguen siendo estrictamente observados. Tales prácticas, incluso en los tiempos antiguos, habrían sido muy incómodas y restrictivas.

Para la gente de hoy que están acostumbrados a la libertad sin restricciones, tales preceptos pueden parecer una cosa del pasado. Sin embargo, ya que vivimos con tanta libertad, la observación de los preceptos puede ser una manera muy significativa y saludable para fortalecer nuestra práctica budista. La religión se basa en la creencia y en la convicción. Podemos demostrar nuestra convicción a diario mediante la práctica de los 10 Preceptos Mahayana:

El Primer Precepto: Me comprometo a la práctica del amor; me abstengo de matar a los seres vivos.

El Segundo Precepto: Me comprometo a la práctica de la generosidad; me abstengo de robar.

El Tercer Precepto: Me comprometo a la práctica de la responsabilidad sexual; me abstengo de la mala conducta sexual.

El Cuarto Precepto: Me comprometo a la práctica de la comunicación veraz; me abstengo de hablar falsamente.

El Quinto Precepto: Me comprometo a la práctica del habla amable; me abstengo del lenguaje negativo.

El Sexto Precepto: Me comprometo a la práctica del habla con sentido; me abstengo del habla frívolo.

El Séptimo Precepto: Me comprometo a la práctica del habla armonioso; me abstengo del habla difamatorio.

El Octavo Precepto: Me comprometo a la práctica de la tranquilidad; me abstengo de la avaricia.

El Noveno Precepto: Me comprometo a la práctica de la compasión: me abstengo del odio.

El Décimo Precepto: Me comprometo a la práctica de la sabiduría: me abstengo de puntos de vistas egocéntricos.

Prácticas Tierra Pura

1. Practicamos la compasión como una manifestación natural de nuestra fe. Nuestro Buda enseñó, "Considere a otros como usted mismo." La compasión verdadera es una interconexión activa con el sufrimiento y la alegría de todos los seres.

2. Practicamos profundamente oído espiritual (monpo) como una práctica religiosa central porque es el mejor vehículo para relacionar con el Dharma y por último encarnar el Nembutsu; es caracterizado por interrogatorio continuo, duda, reflejo, aplicación, volver a aplicar, olvidar y recordar las enseñanzas.

3. Practicamos diariamente los cánticos como un vehículo para recordarnos y despertarnos a la Unidad de realidad y regar las bendiciones del Buda en nuestra vida diaria y el mundo.

4. Practicamos la meditación sentada o a pie como un vehículo natural para calmar la mente entonces podemos oír profundamente la luz interior transformativa; nuestra meta no es alcanzar nada sino la intención es sólo quedarnos naturalmente tal y como somos.

5. Practicamos la recitación del Nembutsu como una práctica viviente de atención concentrada y de gratitud; y más importante, como una expresión directa de la presencia vibrante de Amida en nuestros corazones y mentes.

6. Practicamos el rezo como el mejor medio de interiorizar nuestros ideales religiosos, y para expresar nuestra gratitud profunda a Amida, y enviar y recibir las bendiciones al mundo.

7. Practicamos la simplicidad como un medio de quitar las distracciones evitables de nuestra vida moderna y abrirnos a los elementos necesarios de la vida y belleza vibrante por el Nembutsu.

8. Practicamos el tomo Refugio en el Buda, en el Dharma y en el Sangha regularmente en nuestras reuniones como un medio de interiorizar las enseñanzas budistas y recordarnos de nuestros ideales más altos.

9. Practicamos los Preceptos como una práctica auxiliar del oído espiritual (monpo) y como un resultado natural de tomar Refugio. Central a estas pautas éticas es el ideal de no causar daño y ellos sirven como un medio de estudiarnos profundamente a nosotros mismos. Además nos ayuda manifestar nuestra realidad interior y el reino de la Tierra Pura.

10. Practicamos el shojin que es la práctica mensual de comer comidas vegetariana estricta o vegetariana durante ciertos días de año. Esta práctica antigua es un buen modo de recordar los sacrificios de criaturas que nos sostienen, así, podemos unirnos con el Dharma de la compasión.

11. Practicamos el servicio comunitario como la respuesta sincera para aliviar el sufrimiento (dukkha) humano y no humano. El servicio también incluye el aprendizaje de las enseñanzas de la Tierra Pura para el bienestar de todos los seres,

y compartiéndolo con cada uno como el modo universal de apagar la aflicción y la angustia.

Fe, Votos y Práctica

El Maestro Tan Luan, identificó cinco prácticas en el Budismo de la Tierra Pura. Estas son:

1. La postración ante el Buda Amida
2. Recitar su nombre – Nembutsu: Namu Amida Butsu
3. La resolución de renacer en la Tierra Pura
4. Visualizar la Tierra Pura
5. La resolución de otorgar o transferir los méritos de la Tierra Pura a todos los seres sintientes.

Igualmente, encontramos:

6. Entonar los Tres Sutras
7. Meditar en la Tierra Pura
8. Realizar ofrendas
9. Desarrollar la Fe, el Voto y las Prácticas

Fe

El Budismo Tierra Pura es una religión de fe, por lo que la fe es la primera puerta esencial para entrar en el Sendero. Sin fe, no obtendremos los resultados de la práctica ni el renacimiento en la Tierra Pura. Por el contrario, cuando uno se apoya en una fe profunda y en una práctica sincera, el éxito de renacimiento en la Tierra Pura está asegurado.

La mayoría de las personas, incluyendo aquellos bien educados o inteligentes, son incapaces de tener fe. Es posible que tengan dudas sobre la existencia de la Tierra Pura, o descarten el Budismo Tierra Pura como un recurso para los seres inferiores. De acuerdo con el Sutra Avatamsaka, la enseñanza de la Tierra Pura se encuentra dentro del ámbito de la fe de las personas superiores, quienes entienden de manera exhaustiva la profunda enseñanza de lo inconcebible.

El compasivo Buda Amida, libre de falsas promesas, explica que la recitación de su Nombre es la causa del renacimiento en la Tierra Pura.

Votos

Hacer un voto para lograr el renacimiento en la Tierra Pura significa una reorientación fundamental de la motivación y la voluntad del practicante. Si uno no quiere ir a Sukhavati, no hay manera que una persona llegue allí.

El voto se genera por la fe y la fe se realiza mediante el voto. Cuando tanto la fe y como los votos son genuinos, la acción correcta sigue inevitablemente. Cuando nos llenamos de paz y fe durante la recitación, es esencial continuar sin interrupción. Es importante recitar el Nembutsu diariamente sin importar nuestras condiciones internas o externas. La Luz del Buda brilla sobre nosotros incondicionalmente. Por lo tanto, voto es muy importante en la práctica de la Tierra Pura.

El Buda Amida hizo 48 votos para salvar a todos los seres del sufrimiento. Terminó sus prácticas del Bodhisattva para adornar su Tierra Pura, y finalmente alcanzó la Iluminación. El Buda Amida y sus votos son similares a un barco gigante que lleva a todos los seres sensibles a la otra orilla sin hundirse en el mundo de las impurezas y en el mar de sufrimientos. Sin embargo, si no se quiere subir a bordo, no hay nada que otros, entre ellos el Buda, puedan hacer. Uno debe hacer el voto que buscar el renacimiento en la Tierra Pura, dejando esta orilla del sufrimiento por la otra orilla de la felicidad. Es por ello que indispensable recitar el Nembutsu y realizar las prácticas correctas Tierra Pura.

Práctica

Para asegurar el renacimiento de la Tierra Pura, la práctica es absolutamente necesaria. De hecho, el Budismo Tierra Pura no es sólo una religión de fe, sino también una religión de práctica, a través del cual se puede lograr una experiencia religiosa personal y directa (Shinjin). No hay muchas enseñanzas teóricas en el Budismo Tendai Tierra Pura, en comparación con sus enseñanzas Tendai del Sutra del Loto o el Budismo Tendai Esotérico (Taimitsu), etc.

De acuerdo con el Sutra de del Buda Amida, para renacer en la Tierra Pura, uno debe de recitar el nombre del Buda diez veces de todo corazón una sola mente.

Transferencia de Mérito

Cada vez que recitamos el Nembutsu, uno debe hacer un voto y transferir el mérito de la práctica a todos los seres en el universo. Esto se llama la transferencia de mérito o Eko en japonés. Esto se debe hacer dos veces al día, tal como en la mañana como en la noche.

En el budismo Tierra Pura esto es muy importante porque la Tierra Pura es el esfuerzo conjunto de todos los practicantes, que transfieren sus virtudes y méritos y contribuyen en la formación de la misma, junto con el Buda Amida, al igual que todos aportamos nuestro esfuerzo en el desarrollo de nuestra comunidad y el mundo.

* * *

Una sola recitación del Nembutsu borra las graves faltas de los ochenta billones de millones de años de nacimientos y muertes. El practicante debe creer esta afirmación con una fe profunda, sin preocuparse de qué tan profundo es el mal karma que uno posea.

El Maestro Tan Luan afirmó que el nombre del propio Buda Amida encarna la realidad a la que representa. Invocar el nombre de Amida es hacer presente en nuestra vida de Buda la realidad que representa, es decir, es traer la luz brillante e infinita de Amida en nuestra vida, purificando nuestra ignorancia y corrupciones.

Recitando el Nembutsu

La recitación del Nembutsu (Namu-Amida-Butsu) es considerada la práctica más esencial para nacer en la Tierra Pura. Esto se puede hacer por si solo para alcanzar un estado de Samadhi meditativo o de comunión con el Buda Amida, o se puede acompañar o realizar en conjunto con la contemplación de la imagen del Buda Amida y su Tierra Pura.

El ritmo de la recitación es a discreción. La recitación es flexible y se puede adaptar a nuestro estado de la mente y nuestra propia condición física. Es importante no ser negligentes. Si usted siente que está realizando demasiado esfuerzo, recítelo en silencio. Si siente que se hunde en el letargo, recítelo en voz alta.

Cada repetición del sonido debe salir de su boca y entrar en sus oídos, y despertar su mente inherente. Lo importante es mantener la mente concentrada en la recitación. La recitación, el recuerdo y la visualización deben ser muy claros y evitar cualquier intromisión de los pensamientos. Esta es la razón por la recitación del nombre de Buda es el mejor medio para frenar a la mente.

El método anterior se puede aplicar al caminar, estando de pie, sentado o acostado.

Además de la recitación del Nembutsu, se puede realizar frente a la estatua de Buda Amida y mantener la imagen de la visualización con todas las características durante un largo período de tiempo durante el caminar, de pie, sentado o acostado durante todo el día.

* * *

Se comentó anteriormente que la Tierra Pura es la propia mente; el Buda Amida es nuestra propia naturaleza.

A veces, al visualizar el Buda Amida y su Tierra Pura podemos caer en la dualidad. Cuando el pensamiento de uno está firmemente concentrando en el Buda Amida, nuestra mente se desplaza en las diez direcciones. Recitar el Nembutsu con una mente enfocada permite al practicante ver el Buda y llegar a ser el Buda, trascendiendo el tiempo y el espacio.

Cuando uno desea renacer en la Tierra Pura, uno renace a su vez en su verdadera naturaleza debido a la no-dualidad del Buda Amida y el Universo. Del mismo modo, la manifestación de la Tierra Pura tiene lugar en la mente de uno. En ese momento, las manifestaciones de la mente de uno se convierten en las manifestaciones del Buda: mi mente es la mente del Buda y mente de Buda es mi mente, convirtiéndose así en una.

Recitando el Nembutsu con cada Respiración

Una técnica es la recitación acompañada de la respiración, que es la más simple y la más conveniente. Esta consiste en recitar en silencio o en voz baja, con cada respiración, inhalando o exhalando, acompañándolas por una recitación del Nembutsu.

La Recitación de Auto-Reflexión

Mientras se recita, uno reflexiona dentro de uno mismo en su naturaleza con el fin de reflejar que el Buda y uno son de la misma naturaleza. El Buda y la Tierra Pura se encuentran dentro de la mente de uno. Es un método combinado del Zen y práctica de la Tierra Pura. Uno puede ver la propia naturaleza con mayor facilidad.

La Recitación no Intermitente o Continua

Con esta técnica, el practicante recita el Nembutsu, parando solo para respirar. Este método es un poco intensa, pero eficaz, sobre todo cuando la mente está en un estado de confusión y errante.

La Recitación Postrativa

Mientras se recita, uno se inclina ante el Buda, por lo que el cuerpo (inclinándose), la boca (por la recitación) y la mente (que se centra palabra por palabra) se pueden purificar en la práctica. Esta es una práctica efectiva para erradicar el mal karma.

La Recitación en la Vida Diaria

Uno tiene que ser constante y persistente en la recitación del Nembutsu. Por ello, uno lo puede recitar en todo momento.

La Atención Plena en el Buda Amida

En la práctica budista para alcanzar la Iluminación, la atención plena es uno de los factores más importantes. Sin la atención correcta, no se puede seguir con éxito los métodos prescritos. En el Noble Sendero Óctuple (puntos de vista correctos, pensamientos correctos, habla correcta, actos correctos, de vida, esfuerzo correcto, recta atención y meditación correcta), así como en las otras prácticas, la atención plena se menciona como un factor indispensable.

La atención plena en el Budismo se refiere a concentrarse en un Buda o un principio budista, induciendo un estado de profunda concentración a través y por el cual se puede lograr un mayor nivel de espiritualidad.

Desde el principio del Budismo en la India, la atención en el Buda, el Dharma y la Sangha ha sido una práctica común para todos los budistas. Uno se convierte en un budista refugiándose en estos Tres Tesoros y luego continuamente recordándose de ellos a través de la vida. Del mismo modo, uno se convierte en un budista refugiándose en el Buda Amida, en el Dharma que él representa, y en los Bodhisattvas y otros sabios que siguen su Dharma y le ayudan a rescatar a los seres que sufren como nosotros.

Nuestra toma de refugio en el Buda Amida se realiza juntando las manos y recitando "Namu Amida Butsu", y lo más importante, depositar nuestra atención continua en él con un corazón sincero. Estos constituyen un todo inseparable, proporcionando la forma de devoción en el Budismo Tierra Pura, a través del cual podemos recibir el poder salvador de Amida y estar seguros de alcanzar el renacimiento en la Tierra Pura.

En su "Comentario sobre el Discurso sobre la Tierra Pura", Tan Luan – un maestro chino - subraya la importancia del estado mental de la devoción. Se distinguen tres aspectos de la fe: corazón sincero, con sencillez de corazón, y la atención continua. Se aclara además cómo estos tres están relacionados entre sí; si uno de ellos es deficiente, los otros dos no pueden existir.

La atención continua en el Buda, sin ser susceptible a distracciones por otros pensamientos o contaminada por las pasiones ciegas, sólo se puede lograr a través de la gracia del Buda. A medida que la energía de Amida se manifiesta como su Luz, aquellos que perciben la luz, ya sea directamente a través de la visualización o a través del oído, se sienten ahorro de energía irresistible de Amida y espontáneamente se dan a ella con devoción de todo corazón.

La atención plena y sincera incesante de Amida no es un acto de una vía dirigida a él de nosotros, sino un canal bidireccional a través del cual el corazón de Amida y nuestros corazones responden el uno al otro.

El corazón de Amida y mi corazón se convierten en un solo corazón - Namu Amida Butsu.

El Butsudan

Butsudan es una palabra japonesa que significa "casa del Buda", y se refiere usualmente el altar Budista.

El Buda principal del Budismo Tierra Pura se llama Amida Tathagata. En el Butsudan, colocamos los caracteres chinos Namu Amida Butsu, la imagen de Buda Amida o una estatua de madera del Buda Amida. El Buda se representa generalmente de pie o sentado.

Cuando el Buda Amida es representado en imágenes, se levanta sobre una flor de loto con 48 rayos extendiéndose desde el centro de dos círculos de luz en la parte posterior de su cabeza. En el caso de las estatuas de madera de Amida, se encuentra en la parte superior de una flor de loto y frente a una luz llameante con 48 rayos extendiéndose desde el centro de la flor de loto.

El Buda Amida, en el Budismo Tierra Pura, tiene la mano derecha extendida en la parte delantera del hombro derecho con el pulgar y el dedo índice de la formación de un círculo. Su brazo izquierdo está apuntando hacia abajo desde el hombro izquierdo con el pulgar y el dedo índice también formando un círculo. Estos gestos son llamados mudras y expresan varios significados. El gesto de la mano derecha pose se llama "Semus" (que se extiende sin miedo ayuda al sufrimiento de los seres). El gesto de la mano izquierda se llama "yoga-in" (extensión de los votos). En conjunto, estos mudras se llaman "seppoin" (expresando el Dharma). Hoy estos signos se refiere a veces como Raigo-in (llevando a los aspirantes a la Tierra Pura) o "sesshu-fusha-in" (de ser acogido y nunca abandonado).

El Butsudan siempre se debe de mantener limpio y recogido; siempre se debe de expresar respeto y reverencia hacia él y en sus alrededores.

Frente al Butsudan, recitamos el Nembutsu, visualizamos al Buda Amida y su Tierra Pura, hacemos ofrendas o gestos devocionales diariamente. Es el foco central de la práctica budista Tierra Pura.

Es tradicional sostener un Juzo o un rosario budista.

Al final de este libro, proveemos la liturgia Tendai Tierra Pura.

8

La Visualización del Buda Amida y su Tierra Pura

El Sutra de la Visualización del Buda de la Luz y Vida Infinita (Amida) es considerado el tercero de los tres Sutras (Jodosan-kyo) más importantes de la tradición Tierra Pura y el Buda Amida. El mismo forma parte de los textos canónicos Tendai Tierra Pura y es muy querido por muchos sacerdotes y practicantes. En el mismo el Buda Shakyamuni detalla las prácticas meditativas que uno debe de seguir para poder meditar y visualizar al Buda Amida y su Tierra Pura y lograr el renacimiento en la Tierra Pura de la Felicidad. Este Sutra fue predicado justo después del Sutra del Loto y antes del Sutra del Nirvana.

El Sutra comienza con un relato de los acontecimientos en Rajagrha durante la vida de Shakyamuni. Rajagrha, la capital de Magadha, solía ser la capital de la dinastía Shishunaga en la India. Esta región era muy poderosa a mediados del Siglo VI AEC en el momento de Bimbisara, quien fue famoso por haber propagado las enseñanzas del Budismo durante su reinado. El

Sutra relata que el príncipe Ajatashatru conspiró con el primo y discípulo renegado del Buda - Devadatta - para matar a su padre, el rey Bimbisara, tomar posesión del reino y establecer una nueva Sangha budista dirigida por Devadatta. El plan era encerrar al rey, con la esperanza de que muriera de hambre. La Reina Vaidehi frustró su plan cubriendo su cuerpo con una mezcla de leche, miel y trigo, y ocultando envases de jugo de uva en sus adornos cada vez que visitaba al rey, nutriéndolo por mucho tiempo. La reina en un momento se arrodilló e imploró Buda por ayuda. El Buda Shakyamuni, quien en ese momento se estaba quedando en el monte Grdhrakuta en las afueras de Rajagrha, envió milagrosamente a sus discípulos Maudgalyayana y Purna ante el rey. Cuando el rey recibió las enseñanzas del Buda, recobró la salud y la fuerza. Pero cuando Ajatashatru supo del truco de su madre, se arrojó sobre ella para matarla, pero fue detenido por sus generales - Candraprabha y el médico Jataka. Sin embargo, la encarceló lejos del palacio y el rey.

En su dolor, ella le suplicó al Buda Shakyamuni: "Oh, Buda, ¿qué hice para merecer dar a luz a un hijo que ahora quiere matarme? Tengo una petición", continuó, "Dime, sobre un lugar donde no haya sufrimiento, porque yo quiero renacer en un mundo así". A modo de respuesta, el Shakyamuni emanó de su frente un rayo de luz que iluminó y mostró las maravillas de muchas Tierras Puras de los Buda. Vaidehi , vislumbrada, decidió que mundo ideal con el que soñaba existía como la Tierra Pura del Buda Amida. Vaidehi inmediatamente resolvió renacer allí y le preguntó al Buda Shakyamuni cómo podía hacerlo. El Buda Shakyamuni entonces le enseñó la visualización contemplativa de la Tierra Pura a través de trece etapas sucesivas de la meditación.

El Sutra describe una práctica de contemplación y visualización que comienza con la contemplación de la puesta de sol en el oeste y progresa gradualmente hasta que el practicante es capaz de visualizar toda la extensión y el contenido de la Tierra Pura del Buda Amida. Según el Sutra, este proceso comienza por sentarse erguido en la postura de la meditación, contemplando de la puesta del sol. Entonces el practicante sigue meditando hasta que puede visualizar el sol con los ojos abiertos o cerrados. En la etapa de la segunda contemplación, el practicante contempla primero una extensión de agua y luego continúa hasta que el agua se puede visualizar con los ojos abiertos o cerrados. A continuación, las tranquilas aguas de la Tierra Pura se contemplan de la misma manera. Este proceso continúa a través de las trece etapas hasta que el conjunto de la Tierra Pura puede ser visualizada.

Método de Visualización

1) Visualizar el sol (nissokan)

2) Visualizar el agua (suisokan)

3) Visualizar el terreno de la Tierra Pura (chisokan) - Esta visualización meditativa tiene como objetivo lograr una visión clara de las siete tierraa enjoyadaa de la Tierra Pura.

4) Visualizar los árboles enjoyados de la Tierra Pura (hojukan) - El practicante empieza visualizando el tronco de un árboles y luego sucesivamente las ramas, hojas, flores, frutos, y finalmente toda una arboleda de'dichos árboles.

5) Visualizar los estanques enjoyados de la Tierra Pura (hochikan) - Según el Sutra del Buda Amida (corto), estos estanques se llenan de aguas que contienen las ocho virtudes budistas. De acuerdo con el Sutra de la Vida Inmensurable (largo), en los sonidos de las olas se puede escuchar la predicación del Dharma.

6) Visualizar las torres de piedras preciosas de la Tierra Pura (horokakukan) - Si uno visualiza estas torres adecuadamente, se puede escuchar la música celestial que emana de las torres de la Tierra Pura.

7) Visualizar los tronos de flor de loto de la Tierra Pura (kezakan) - Esta meditación tiene el objetivo de visualizar las hojas de loto, las flores, los rayos de luz de los tronos flor de loto y los diversos frutos de la Tierra Pura.

8) Visualizar la imagen de Buda Amida (zosokan) - Esta es la visualización de las imágenes del Buda Amida acompañados de sus dos Bodhisattvas Avalokiteshvara (Kannon), y Mahasthamaprapta (Seishi) que se sientan en los tronos de la flor de loto.

9) Visualizar [el cuerpo completo] del Buda Amida (Amidabutsukan) - Ver en detalle completo del Buda Amida con sus 84.000 características especiales y con los rayos de luz que emanan de su cuerpo. Esta meditación es considerada como el samadhi de ver al Buda.

10) Visualizar al Bodhisattva Avalokiteshvara (Kannonkan)

11) Visualizar al Bodhisattva Mahasthamaprapta (Seishikan)

12) Visualizar nuestro propio renacimiento en la Tierra Pura (fuojokan) - Para visualizar la totalidad de la Tierra Pura como si uno ya hubiera nacido allí.

13) Visualizar los múltiples aspectos de la salvación universal del Buda Amida (zosokan) - En su meditación, el practicante debe de visualizar todos los detalles de la salvación universal del Buda Amida, no sólo en su Tierra Pura, sino en todas las tierras del Buda, situadas en las diez direcciones.

El Sutra luego explica los tres niveles de la meditación para aquellos que desean alcanzar el renacimiento en la Tierra Pura: los niveles superiores, intermedios e inferiores, de acuerdo con sus capacidades. Estos se subdividen en las clases altas, medias y bajas dentro de cada una de las tres categorías. De acuerdo con las capacidades y el nivel de la práctica, hay nueve grados de nacimiento (kuhon) en la Tierra Pura. Las personas de más alto nivel de capacidad superiores son los que guardan los Preceptos y practicar las enseñanzas del Mahayana; dichas personas serán recibidas por el Buda Amida en el momento de su muerte y serán escoltados por él a la Tierra Pura. Los del nivel más bajos de capacidad inferior son personas malvadas que cometen los cinco pecados graves (gogyakuzai) e invariablemente caen en los infiernos del sufrimiento incesante. Sin embargo, el budismo de la Tierra Pura enseña que Amida abrazará y ahorrar aún estos seres. La práctica aquí pasa de la práctica contemplativa a invocar el nombre de Amida Buda con fe, aunque sean sólo diez veces. Es esta práctica que se desarrolló gradualmente en la recitación verbal del nombre o Nembutsu (Ch. Nien-fo, Jp. Nembutsu) del Buda Amida. Junto

135

con las trece etapas de contemplación descritas anteriormente, estas tres meditaciones para personas de capacidad superior, intermedia e inferior constituyen las dieciséis contemplaciones del Sutra de la Meditación en el Buda Amida.

Pero, ¿Cómo el Budismo Tendai Tierra Pura ve al Buda Amida y su Tierra Pura? Depende de a quién le preguntes. El Budismo Tendai define al Buda Amida y su Tierra Pura de acuerdo al linage. Pero existen tres interpretaciones básicas de la Tierra Pura en el Budismo Tendai japonés:

1) la Tierra Purificada (jobukkokudo)

La doctrina de "la Tierra Purificada" tiene varios significados. Una de ellas es las Tierras Búdicas purificadas por un Bodhisattva o un Buda. Otra es la purificación de este mundo. Y otra es que la purificación de estas Tierras de los Budas significa el cumplimiento de sus votos del Bodhisattvas de obtener la Iluminación y salvar a todos los seres.

2) la Tierra Pura que existe en la mente (jojakkodo)

La Tierra Pura que existe en la mente es un absoluto monismo incondicionado o ideal. Este tipo de la Tierra Pura fue defendida por el Maestro Chih-i. De acuerdo con el Sutra de Vimalakirti (Yuima-kyo), si la mente es pura, entonces de acuerdo con esta pureza, la Tierra es Pura. Esta doctrina se basa en la doctrina Tendai de la Iluminación Original (Hongaku Shiso). En esencia, la Tierra Pura es vista como la Mente Original - el Dharmakaya.

3) la Tierra Pura de la próxima vida (raisejodo)

La Tierra Pura "de la próxima vida" se basa en la idea de que uno renace en la Tierra Pura luego de la muerte.

El Budismo Tendai Tierra Pura provee diferentes formas de acercarnos a la doctrina y a la práxis, dependiendo del nivel y del interés del practicante: la visualización del Buda Amida y la Tierra Pura, la recitación devocional del Nembutsu para el renacimiento en la Tierra Pura, la visualización ceremonial esotérica y su interpretación del Buda Amida y su Tierra Pura y los rituales esotéricos del Goma. Pero interpreta todas las prácticas desde la doctrina unificadora de las Enseñanzas Perfectas del Sutra del Loto y la doctrina de la Iluminación Original (Hongaku Shiso) y las Tres Verdades: la existencia provisional, la vacuidad, y la perfecta unión de la existencia temporera y la vacuidad en una sola mente. El Buda Amida que se encuentra en el Oeste en su Tierra Pura también está aquí y ahora y es nuestra verdadera naturaleza y hogar. Su cuerpo es nuestro cuerpo; este mundo es la Tierra Pura, y nada queda fuera de la Verdadera Realidad. Esto hace único al Budismo Tendai Tierra Pura y la separa de sus homólogos Jodo Shu, Jodo Shinshu y Shingon.

9

El Budismo Tierra Pura Esotérico

El Budismo Tendai abarca una amplia serie de doctrinas y prácticas, y dominarlas todas tomaría más de una vida. Entre estas doctrinas y prácticas, se encuentra las enseñanzas esotéricas del Buda Amida. A través de este blog, he hablado innumerables veces sobre el Buda Amida, pero esta vez quiero dedicarme a hablar sobre el Amidismo Esotérico.

El Buda Amida es el Buda principal de la Escuela Tierra Pura (Jodo y Jodo Shinshu en Japón), pero si bien es visto como el centro de devoción del público en general como un Buda exotérico, Amida posee una amplia gama de aspectos esotéricos, que al igual que las meditaciones esotéricas en el Budismo Tendai Esotérico - con el Buda Mahavairocana - pueden garantizarle la iluminación a un devoto en esta vida. Así como en las cuatro meditaciones esotéricas (Juhachido - Goma) Mahavairocana es el Buda central y buscamos la total unión con Mahavairocana, en el Amidismo Esotérico, Amida es el Buda central, y de hecho, el centro del universo y de la existencia misma. El universo entero es una emanación del Buda Amida. El Buda Mahavairocana y el Buda Amida son uno; sus Tierras Puras, son una. Esta Tierra Pura no se encuentra en algún lugar del universo o en la periferia de la realidad; esta Tierra Pura se encuentra aquí y ahora entre nosotros. La diferencia estriba en nuestra conciencia.

Amida es la realidad del Sunyata (el vacío), a la vez que es la verdadera esencia, lo increado, lo no-nacido; la fuente de la Iluminación Original. Todos los seres sintientes pueden alcanzar la iluminación gracias a Amida. Así, las personas que repiten el Nembutsu (Namu Amida Butsu), transmutan todo el mal karma acumulado en todas sus vidas, y son transportados a la Tierra Pura, la verdadera naturaleza de la realidad. Todo esto se logra a través de una profunda comprensión del Nembutsu y del Buda Amida, y de las prácticas esotéricas correctas. A través del Amidismo Esotérico, alcanzamos la iluminación tal y como somos.

Estas prácticas no son muy diferentes a las meditaciones esotéricas, a la meditación Zazen ni a la práctica del Nembutsu: todas llevan al mismo destino. Amida es la esencia del cosmos. Así, el practicante que recite el Nembutsu está invocando la verdadera naturaleza de la realidad y de sí mismo, y volviéndose uno con el Dharmadhatu (universo).

El Budismo Tendai, el Buda Amida puede ser interpretado de cuatro formas o niveles:

1. De acuerdo con el primer nivel, hace mucho tiempo, el Bhiksu Dharmakara hizo cuarenta y ocho votos ante el Buda Lokesvararaga. Habiéndose convertido en un Buda como

140

resultado de estos votos, Dharmakara se convirtió en el Buda Amida.

2. De acuerdo con el segundo nivel, el Buda Amida, es una emanacion del Dharmakaya - el Buda Mahavairocana. En el Budismo Esotérico, Amida es uno de los Cinco Budas de la Sabiduría (Dhyani Buddhas). Dentro del Mundo del Diamante, es conocido como la "sabiduría sutil de la contemplación que elimina toda duda". Dentro del Mundo de la Matríz, Amida es conocido como la "puerta del entendimiento del Bodhi".

3. De acuerdo con el tercer nivel, el Buda Amida es la sabiduría y la compasión del Dharmakaya Mahavairocana, perpetuamente existente en los Tres Mundos. Esto se llama Vida Ilimitada. Por lo tanto, Amitabha no es otro que Mahavairocana.

4. De acuerdo con el cuarto nivel, el Buda Amida es la verdadera talidad del cuerpo y la mente de todos los seres sintientes, perfectamente brillante, esencialmente puro, la sabiduría de la ecuanimidad. Aunque nuestra mente se encuentra sumergida en la ignorancia y la suciedad, no se contamina ni oculta. Uno puede contemplar profundamente los cuatro niveles del nombre del Buda Amida y las Tierras Puras de los Buda de esta manera.

Esto no son cuatro perspectivas diferentes, sino cuatro niveles de entendimiento que se interpenetran y coexisten armónicamente.

Igualmente, el Nembutsu puede ser interpretado en múltiples niveles. El tercer patriarca, o Zasu del Monte Hiei, Ennin (Jikaku Daishi 794-864), trajo de Wu-t'ai-shan en China una recitación especial del Nembutsu. En su tratado, el Sanmondoshaki, Ennin escribe que los sacerdotes deben cantar constantemente el Nembutsu. A continuación presento una interpretación de las cinco formas del Nembutsu explicadas por Ennin.

1. El primero es el Nembutsu para alcanzar la Iluminación Suprema. "Ahora deseo refugiarme en los pies del Buda, refugiarme en el Dharma libre del deseo, y refugiarme en la Sangha. Om Bodhicittam Utpadayami. Deseo alcanzar la Iluminación Suprema".

2. El segundo tipo de Nembutsu es el Nembutsu Repentino y Perfecto de los Tres Preceptos Puros. "Namu Amida Butsu". Los que recitan el Nembutsu con una mente profunda y que practican los preceptos puros alcanzan el Camino del Buda en el otro mundo. Esto está relacionado con las Tres Verdades (vacío, existencia convencional y el Camino Medio). La primera letra de la palabra "Amida" es 'A', que es idéntica al vacío, y los que guardan los Preceptos que animan a hacer el bien obtienen el beneficio del Sambhogakaya, el cuerpo de recompensa del Tathagata (Shozenbokai). La sílaba 'Mi' es idéntica a la verdad convencional, y el que guarda los Preceptos que fomentan a beneficiar a los demás obtendrán el Nirmanakaya, el cuerpo de un Tathagata que actualiza la iluminación perfecta en este mismo mundo (Nyoyaku-ujokai). Lasílaba 'Da' es idéntico al Camino Medio, y el que guarda los Preceptos en contra de hacer el mal, como el asesinato, el robo, el orgullo, la ira, etc., obtienen el Dharmakaya (Shoritsugikai). El Nembutsu recitando posee la virtud de los Cinco Preceptos. Por lo tanto, cada recitación del Nembutsu contiene los Tres Preceptos Puros mencionados anteriormente.

3. El tercer tipo es el Nembutsu del Loto. "Namah samanta-buddanam bhah [Bhah] o Namu Myoho Isshin Kambutsu" (me dedico a discernir Maravilloso Dharma del Buda desde el fondo de mi corazón). Cuando se acabe esta renaceré en la Tierra Pura del Buda Amida, rodeado de grandes Bodhisattvas en los pétalos de un loto.

4. El cuarto es el Nembutsu Secreto. "Om amrta teje hara hum" (me dedico a la deidad del néctar que otorga la vida eterna). El Buda Amida se sitúa en el oeste, es de color dorado y encarna el chakra del viento. El Sutra de Mahavairocana dice que la vida es viento, y la semilla (siddham) simbólica de Amida es Hrih. 'H' en Hrih significa "hetu" en sánscrito, o causa en el karma inalcanzable. 'R' viene de "rajas" en sánscrito, o ilusiones inalcanzables. 'I' de "iiti" en sánscrito, o desastre inalcanzable. 'Ah' para "astamgamana" en sánscrito, o medios inalcanzables de liberarnos de un desastre. Lo que llamamos medios inalcanzables de liberarnos de los desastres significa no ser objeto de la codicia, el odio y la estupidez. De esta manera uno puede entrar en el Nirvana. Cuando el viento de Hrir sopla, se disipan las nubes y veremos a Amida.

5. El quinto es el Nembutsu que otorga la bienvenida en la Tierra Pura. "Namu Amida Butsu". Los Sutras de la Tierra Pura nos enseñan que si queremos renacer en la Tierra Pura debemos recitar constantemente "Namu Amida Butsu".

Estos últimos dos Nembutsu tienen un significado mucho más profundo, pero sólo puede ser explicado durante el entrenamiento para el sacerdocio.

10

El Budismo Tierra Pura y la Muerte

Nadie puede escapar de la muerte en este mundo. La muerte es el precio que pagamos por vivir esta vida. Sin embargo, en el Budismo, la muerte no es más que el final de un período de retribución. Cuando uno sale de este cuerpo, uno volverá a renacer en otro cuerpo. El próximo renacimiento estará determinado por dos factores:

1. Karma – uno es impulsado por el poder del karma (debido a las últimas acciones y pensamientos en vidas anteriores) a otro plano de existencia, por lo general igual o inferior. Este factor es particularmente aplicable a aquellos que no tienen fe religiosa, voto o práctica.

2. Fe y voto - la fe religiosa y el voto de uno puede anular el karma. Por lo general, se puede renacer en el mismo plano o en un plano más alto de existencia.

Nuestra preparación para la muerte es en realidad nuestra preparación para nuestro renacimiento. Los que practican las enseñanzas de la Tierra Pura con fe y voto, deben preparar a sus disposiciones personales, para que cuando la vida llegue a su fin, podamos ser asistidos a ser guiados por a renacer en la Tierra Pura. Esto es importante y necesario porque en el momento de la muerte, uno puede estar disgustado, o lleno de terror y pánico, y aferrado a nuestros parientes y amigos.

Preparación para la Muerte

Se recomienda el siguiente plan de acción:

1. Busque amigos que compartan su práctica para que reciten el Nembutsu a su lado en el momento de su muerte (en los casos de enfermedad grave y en el momento de la muerte) - ayudando a la persona moribunda a mantener el pensamiento correcto y recitar el nombre del Buda.

2. Resuelva todos sus asuntos mundanos – escriba su testamento de manera que no vaya a ser ocupado y molestado en el momento de su muerte.

3. Darse cuenta de las condiciones ilusorias de este mundo - para lo que no haya ningún apego a ambos seres vivos como sus pertenencias.

Prepárese bien y practique más. Si uno no es capaz de controlarse a sí mismo en la actualidad, uno tendrá ningún control en los momentos finales de su vida tampoco.

La Recitación de Apoyo

Los miembros de la familia, parientes y amigos de una persona agonizante deben controlar sus emociones y mantener la calma, sin despertar ningún sentimiento profundo de apego o irritante que pueda perturbar los últimos momentos de la persona. Se debe evitar el llorar. Algunas personas, mientras que no está llorando, todavía muestran el dolor o la tristeza en sus rostros. Esto debe evitarse también porque es un momento crítico para la persona que muere. Con sólo un pensamiento de ira en el momento de morir, la persona puede hundirse inmediatamente en el ciclo del nacimiento y la muerte, o incluso caer en los reinos del mal.

En este momento, lo más importante es practicar la recitación de apoyo, especialmente por parte de familiares o amigos budistas. Las siguientes son algunas pautas para la recitación de apoyo:

1. Respetuosamente coloque una estatua del Buda Amida donde la persona pueda verlo

2. Los que vienen a practicar la recitación de apoyo debe esperar su turno

3. Recite Namu Amida Butsu clara y distintamente. La recitación no debe ser demasiado alta o demasiado baja, demasiado rápida o demasiado lenta, para que la persona pueda registrar fácilmente el nombre del Buda Amida en su mente.

Entre la Muerte y el Entierro

Cuando una persona acaba de morir, lo más importante es no mover el cuerpo de la persona. En general, uno debe esperar cerca de ocho horas, o al menos tres horas para mover y limpiar el cuerpo de la persona.

Los parientes y amigos no deben llorar antes y después de su muerte, ya que puede provocar que el difunto desarrolle pensamientos de apego que le impidan alcanzar la liberación y el renacimiento en la Tierra Pura. Deben seguir recitando el nombre de Buda hasta por lo menos ocho horas luego de la muerte. Esto es porque a pesar de que la persona ha dejado de respirar, su conciencia (conciencia Alaya) aún no ha salido de su cuerpo durante este período. Él puede experimentar sentimientos de dolor, tristeza, ira, que le pueden conducir a los reinos del mal. Los practicantes de la Tierra Pura deben permitir que sus familiares y amigos lo sepan.

Arreglos Funerarios

Los arreglos funerarios deben ser simples. Los gastos innecesarios deben reducirse al mínimo. Sólo comida vegetariana debe ser servida a los miembros de la familia, parientes, amigos e invitados. La pérdida de seres vivos incrementará aún más la obstrucción kármica y hará que sea más difícil para los difuntos ser liberados.

Cuando se realizan buenas acciones en nombre de los fallecidos, uno debe dedicar los méritos y virtudes a todos los seres sensibles en los reinos del Dharma. De esta manera, estos méritos y virtudes se multiplicarán muchas veces y serán los beneficios para los difuntos.

Por lo tanto, mientras que uno puede depender de otros para el apoyo y la asistencia en el momento de la muerte, uno debe esforzarse por practicar durante su vida, antes de la muerte, para estar preparados para el renacimiento en la Tierra Pura.

Epílogo

南无阿弥陀佛

152

11

La Tierra Pura está Aquí

El nombre es Namu Amida Butsu, que significa literalmente, "pongo mi fe en el Buda Amida." El poder de la salvación universal consumada por Amida se encarna en el nombre sagrado, que es fácil de mantener en nuestras mentes, así como fácil de recitar. El Buda Amida se comunica con nosotros a través de su nombre. El nombre tiene tres aspectos. Su principio es la virtud perfecta y el valor final que Buda Amida fue capaz de perfeccionar en nuestro nombre. Posee el poder absoluto para salvar a todos los seres sintientes. Su forma es doble: es la voz del Buda Amida que nos llama a nosotros y al mismo tiempo es nuestra respuesta vocal a su llamada. Su significado es la actualización de nuestra salvación y la total seguridad de nuestra Iluminación. Así, siempre que haya "Namu Amida Butsu" se encuentra el Buda Amida, y donde este el Buda Amida, hay "Namu Amida Butsu".

Cuando realmente escuchamos el nombre, la fe se despierta en nuestros corazones. El oír el nombre no es simplemente escuchar los sonidos de "Namu Amida Butsu", sino escuchar al Buda Amida con todo nuestro ser, que nos llamaba a través del tiempo sin tiempo. Así, cuando escuchamos la voz de Amida en nuestro ser más íntimo, la fe se despierta. Ahora nos damos cuenta de que esta fe en sí e incluso el poder de despertar es un regalo del Buda Amida. La fe establece nuestra Unidad con Amida y es la verdadera causa de nuestra Iluminación.

El despertar de la fe pide naturalmente una respuesta del Buda Amida. Este es el Nembutsu de gratitud al Buda Amida por la salvación que está asegurada. Los que rezan el Nembutsu en la fe han alcanzado las "filas de la verdad asegurada." Esas personas viven la vida del Nembutsu.

La Iluminación absoluta se alcanza en la Tierra Pura después de la muerte, cuando todas nuestras cualidades finitas y limitadas del ser físico se han extinguido. Mientras que las debilidades humanas de la codicia, la ira y la ignorancia siguen funcionando, la perfección de la personalidad es una imposibilidad. El Nacimiento en la Tierra Pura significa convertirse en un Buda y el logro de la unidad perfecta con el Buda Amida. Estamos identificados así por completo con la Sabiduría y la Compasión de Amida. Esta unidad no es un fin en sí mismo, porque la verdadera Sabiduría y Compasión son una fuerza espiritual activa. Mientras haya sufrimiento e ignorancia en el universo, el poder de la compasión nunca cesará su obra de misericordia. Así, convirtiéndonos en uno con el Buda Amida en la Tierra Pura, volveremos varias veces para esta orilla de sufrimiento para lograr salvación de todos los seres.

El Propósito de la Vida

Cuentan los cánones Budistas que el Bodhisattva Dharmakara alcanzo la iluminación hace más de diez kalpas atrás, y se convirtió en el Buda Amida, el Buda de la Luz y la Vida Infinita. ¡Esto es un gran motivo para regocijarnos! Si Dharmakara alcanzo su iluminación, esto quiere decir que su voto se adelantó en el tiempo, llegando hasta el futuro infinito, y regreso a él, salvándonos a todos. ¡Ya estas salvado!

Es difícil entender las implicaciones de este hecho.

Si bien el objetivo último de la vida en el Budismo Tendai Tierra Pura radica en el logro de la Budeidad, el propósito inmediato de la vida se realiza en el despertar de la fe y en la transformación que el Nombre realiza en nuestras mentes y vidas. En esta experiencia religiosa, sabemos que ahora vivimos en la Luz de Amida. La recitación del Nembutsu - Namu Amida Butsu - fluye natural y clara, como las aguas de un manantial de montaña.

El que alcance la fe –Shinjin- habrá alcanzado un alto nivel de organización interna. Habrá desarrollado la sabiduría y el discernimiento para comprender las circunstancias cambiantes de la vida. Incluso en condiciones adversas, un hombre de fe será fuerte, porque su convicción interna es fuerte. Habrá ganado una nueva visión y dimensión en su vida. Debido a sus raíces espirituales llegan abajo en la compasión del Buda Amida, su "sabor" de la vida es indeciblemente sensible. Sus actos religiosos se realizan en agradecimiento al Buda Amida.

Somos como gotas de agua que caen en un gran rio. Agua es agua, no importa de dónde la saques. Y las gotas están compuestas de agua, vienen del agua, y regresan al agua. Al final

155

de nuestros días, somos como gotas de agua, que hemos estado cayendo, subiendo y cayendo por incontables ciclos, hasta que encontramos el Voto Primal de Amida, y como el gran océano, vamos en esta vida por el rio del Nembutsu, hasta Amida. El Budismo ofrece muchos ríos, pero todos conducen a la Iluminación; conducen a Amida, la totalidad de la existencia. Y así como el océano no discrimina en que aguas entran en él, el voto primal del Infinito Amor y Compasión de Amida no discrimina quien llega a él.

El Buda Amida no pide nada de ti, y sin embargo, trabaja incansablemente por ti.

Namu Amida Butsu

El Sutra de la Tierra Pura del Buda Amida

El Sutra de la Tierra Pura del Buda Amida

南无阿弥陀佛

160

I

El Sutra de la Tierra
Pura del Buda Amida

Así he oído.

Una vez, el Buda residía en el bosque de Jeta del jardín de Anathapindada en Sarasvasti, junto a una gran asamblea de mil doscientos cincuenta monjes, todos ellos grandes Arhats bien conocidos. Entre ellos se encontraban grandes discípulos como Shariputra, Mahamaudgalyayana, Mahakashyapa, Mahakatyayana, Mahakaushthila, Revata, Shuddhipanthaka, Nanda, Ananda, Rahula, Gavampati, Pindola-Bharadvaja, Kalodayin, Mahakapphina, Vakkula y Aniruddha.

También estaba acompañado por muchos Bodhisattvas y Mahasattvas como el Príncipe del Dharma, Manjushri, el Bodhisattva Maitreya, el Bodhisattva Elefante de Dulce Olor, y el Bodhisattva Esfuerzo Constante, y por innumerables devas, incluyendo a Shakra, señor de los dioses.

Entonces el Buda le dijo a Shariputra: "Si desde aquí viajas al oeste, dejando atrás cien mil kotis de tierras búdicas, llegarás a la tierra conocida como 'Gozo Supremo (Sukhavati)', donde vive un Buda llamado Amida. Allí vive enseñando el Dharma.

"Shariputra, ¿por qué se conoce a esta tierra como 'Gozo Supremo'? Porque allí los seres no sufren dolor sino que gozan de diversos placeres. Además, Shariputra, en la Tierra del Gozo Supremo hay siete filas de barandillas, siete filas de redes decorativas, y siete filas de árboles. Todas ellas están hechas de cuatro clases de joyas y se extienden por toda la tierra, por ello se le llama 'Gozo Supremo'.

"Además, Shariputra, en la Tierra del Gozo Supremo hay siete estanques enjoyados, llenos de agua de las ocho excelentes cualidades. Los lechos de los estanques son de polvo de oro, y desde los cuatro extremos de cada estanque nacen escaleras de oro, plata, lapislázuli y cristal. Sobre ellas se alzan pabellones adornados con oro, plata, lapislázuli, cristal, zafiro, perlas rojas, y cornelina.

"En los estanques hay lotos tan grandes como ruedas de carro – los azules irradian una luz azul, los amarillos una luz amarilla, los rojos una luz roja y los blancos una luz blanca. Son maravillosos y fantásticos, fragantes y puros. Shariputra, la Tierra del Gozo Supremo está colmada de tal excelencia y esplendor.

"Además, Shariputra, en esa tierra búdica suena constantemente música celestial. El suelo es de oro. Seis veces durante el día y la noche flores Mandaravas llueven del cielo. Todos los días, en la serenidad de la mañana temprana, la gente de esa tierra llena sus canastos con flores exquisitas y van a hacer ofrendas a cien mil kotis de budas que moran en los mundos de otras direcciones. Después regresan para tomar el alimento de la mañana y gozan de un paseo. Shariputra, la Tierra del Gozo Supremo está colmada de tal excelencia y esplendor.

"Además, Shariputra, en esa tierra siempre hay muchas clases de pájaros raros y maravillosos de distintos colores – gansos, pavos reales, loros, sharis, kalavinkas y jivamjivakas. Seis veces al día los pájaros entonan melodiosos y delicados sonidos que proclaman enseñanzas como las cinco raíces de la bondad, los cinco poderes, las siete prácticas que conducen a la iluminación, y el Óctuplo Sendero Noble. Escuchándolas, la gente de esa tierra presta atención al Buda, al Dharma, y a la Sangha.

"Shariputra, no deberías pensar que estos pájaros nacen como tal debido a la retribución de su mal karma. La razón es que ninguno de los tres reinos malignos existen en esa tierra búdica.

"Shariputra, ni tan siquiera los nombres de los tres reinos malignos existen allí; siendo así, ¿cómo podrían existir los mismos reinos? Estos pájaros son manifestados por el Buda Amida para que su canto pueda proclamar y extender el Dharma.

"En esa tierra búdica, Shariputra, cuando las suaves brisas corren a través de los árboles y las redes enjoyadas, producen sonidos armónicos. Es como si cien mil instrumentos musicales fueran tocados al mismo tiempo. Todo aquel que escucha los sonidos espontáneamente presta atención al Buda, al Dharma, y a la Sangha. Shariputra, esa tierra búdica está colmada de tal excelencia y esplendor.

"¿Por qué razón crees, Shariputra, que al Buda se le llama Amida? Shariputra, la luz del Buda brilla sin límites ni impedimentos en todos los mundos de las diez direcciones. Por esta razón es que se le llama Amida.

"Además, Shariputra, la vida del Buda y de la gente de su tierra se extiende durante ilimitados e incalculables kalpas. Es por esta razón que al Buda se le llama Amida. Shariputra, han pasado diez kalpas desde que el Buda Amida alcanzó la iluminación. Además, Shariputra, tiene un ilimitado e incalculable número de discípulos Srhavakas, todos ellos Arhats, cuyo número no puede ser calculado por ningún medio. Su asamblea de Bodhisattvas es igualmente vasta. Shariputra, esa tierra búdica está colmada con tan excelencia y esplendor.

"Además, Shariputra, todos los seres sensibles que nacen en la Tierra del Gozo Supremo moran en el estado de no-retorno. Muchos de ellos se encuentran en el estado de convertirse en buda tras una vida más. Su número es tan grande que es imposible calcularlo, y puede solo describirse como innumerable, ilimitado e incalculable.

"Shariputra, aquellos seres sensibles que oigan hablar de esa tierra deberían aspirar a nacer allí, pues podrán encontrarse con tales sabios de virtud suprema. Shariputra, uno no puede alcanzar el nacimiento en esa tierra con pocas raíces de bondad o una pequeña cantidad de mérito. Shariputra, si un buen hombre o una buena mujer que escuche hablar del Buda Amida mantienen en la mente firme su nombre, aunque sea durante uno, dos, tres, cuatro, cinco, seis o siete días, de forma concentrada y firme, entonces, en la hora de la muerte, el Buda Amida se aparecerá ante él junto con una multitud de santos. En consecuencia, cuando su vida llegue al final, la mente del aspirante no tendrá duda y por ello nacerá en la Tierra del Gozo Supremo del Buda Amida. Shariputra, con esos beneficios en mente, digo: Todos los seres sensibles que escuchen esta enseñanza deberían aspirar a nacer en esa tierra.

"Shariputra, tal como recito la inconcebible virtud del Buda Amida, así lo hacen los budas en la dirección este, tan numerosos como las arenas del Ganges, tales como el Buda Akshobhya, el Buda Meru-dhvaja, el Buda Mahameru, el Buda Meru-prabhasa, y el Buda Manju-dhvaja. Mientras moran en sus propias tierras, extienden sus anchas y largas lenguas y, abarcando con ellas el universo de mil millones de mundos, pronuncian estas palabras verdaderas: Los seres sensibles deberían aceptar este Sutra, aprobado y protegido por todos los budas, en él que se glorifican las inconcebibles excelencias del Buda Amida.

"Shariputra, hay en la dirección sur tantos budas como arenas hay en el Ganges, tales como el Buda Candra-surya-pradipa, el Buda Yashah-prabha, el Buda Maharci-skandha, el Buda Meru-pradipa, y el Buda Anata-virya. Mientras moran en sus propias tierras, extienden sus anchas y largas lenguas y, abarcando con ellas el universo de mil millones de mundos, pronuncian estas palabras verdaderas: Los seres sensibles deberían aceptar este Sutra, aprobado y protegido por todos los budas, en él que se glorifican las inconcebibles excelencias del Buda Amida.

"Shariputra, hay en la dirección oeste tantos budas como arenas hay en el Ganges, tales como el Buda Amitayus, el

165

Buda Amita-ketu, el Buda Amita-dhvaja, el Buda Mahaprabha, el Buda Mahaprabhasa, el Buda Ratna-ketu y el Buda Shuddha-rashmi-prabha. Mientras moran en sus propias tierras, extienden sus anchas y largas lenguas y, abarcando con ellas el universo de mil millones de mundos, pronuncian estas palabras verdaderas: Los seres sensibles deberían aceptar este Sutra, aprobado y protegido por todos los budas, en él que se glorifican las inconcebibles excelencias del Buda Amida.

"Shariputra, hay en la dirección norte tantos budas como arenas hay en el Ganges, tales como el Buda Arci-skandha, el Buda Vaishvanara-nirghosa, el Buda Dushpradharsha, el Buda Aditya-sambhava y el Buda Jalini-prabha. Mientras moran en sus propias tierras, extienden sus anchas y largas lenguas y, abarcando con ellas el universo de mil millones de mundos, pronuncian estas palabras verdaderas: Los seres sensibles deberían aceptar este Sutra, aprobado y protegido por todos los budas, en él que se glorifican las inconcebibles excelencias del Buda Amida.

"Shariputra, hay en el nadir tantos budas como arenas hay en el Ganges, tales como el Buda Simha, el Buda Yashas, el Buda Yasah-prabhasa, el Buda Dharma, el Buda Dharma-dhvaja y el Buda Dharma-dhara. Mientras moran en sus propias tierras, extienden sus anchas y largas lenguas y, abarcando con ellas el universo de mil millones de mundos, pronuncian estas palabras verdaderas: Los seres sensibles deberían aceptar este Sutra, aprobado y protegido por todos los budas, en él que se glorifican las inconcebibles excelencias del Buda Amida.

"Shariputra, hay en el cenit tantos budas como arenas hay en el Ganges, tales como el Buda Brahma-ghosha, el Buda Nakshatra-raja, el Buda Gandhottama, el Buda Gandhaprabhasa, el Buda Maharci-skandha, el Buda Ratna-kusuma-sampushpita-gatra, el Buda Salendra-raja, el Buda Ratnotpalashri, el Buda Sarva-artha-darsha y el Buda Sumeru-kalpa. Mientras moran en sus propias tierras, extienden sus anchas y largas lenguas y, abarcando con ellas el universo de mil millones de mundos, pronuncian estas palabras verdaderas: Los seres sensibles deberían aceptar este Sutra, aprobado y protegido por todos los budas, en él que se glorifican las inconcebibles excelencias del Buda Amida.

"Shariputra, ¿por qué crees que esta enseñanza es llamada el 'Sutra aprobado y protegido por todos los budas'? Shariputra, todos los hombres buenos y todas las buenas mujeres que escuchan el nombre de Amida, o el nombre de este Sutra que todos los budas exponen, se encuentran protegidos por todos los budas y moran en el estado de no-retorno en el que realizarán la más alta y perfecta iluminación. Por esto es, Shariputra, que todos deberíais aceptar mis palabras y las enseñanzas de todos los budas.

"Shariputra, todos los que han aspirado, aspiran o aspirarán en el futuro a nacer en la tierra del Buda Amida, todos ellos moran en el estado de no-retorno en el que alcanzarán la más alta y perfecta iluminación. Ellos ya han nacido, nacen, o nacerán en esa tierra. Por lo tanto, Shariputra, los buenos hombres y las buenas mujeres de fe deberían aspirar a nacer allí.

"Shariputra, de igual forma que ahora alabo la inconcebible virtud de otros budas, también ellos alaban mi inconcebible virtud diciendo: 'Buda Shakyamuni, tú has acometido una tarea sin precedente y extremadamente difícil. En este mundo Saha, en este periodo maligno de las cinco corrupciones – las del tiempo, los puntos de vista, las pasiones, los seres sensibles, y la vida – has alcanzado la más alta y perfecta iluminación y, por el bien de los seres sensibles, has entregado esta enseñanza, que es la más difícil de aceptar.'

"Shariputra, debes darte cuenta de que he realizado esta difícil tarea en el periodo de las cinco corrupciones. Es decir, habiendo alcanzado la más alta y perfecta iluminación, y por el bien de todo el mundo, he entregado esta enseñanza que es tan difícil de aceptar para ellos. Ésta es, por supuesto, una tarea extremadamente complicada."

Cuando el Buda hubo pronunciado este Sutra, Shariputra y todos los monjes, junto con seres del mundo entero, incluyendo devas, humanos y asuras, se regocijaron con lo escuchado y reverentemente lo aceptaron. Juntaron sus manos, y rindieron homenaje al Buda, agradecidos por esta enseñanza; juraron ponerla en práctica y partieron.

FIN

Liturgia Tendai Tierra Pura

南无阿弥陀佛

170

Servicio al Buda Amida

(Este servicio puede ser adaptado a su conveniencia) * = camapanada

SHU ZAI KADA – Entrada al Dojo
SHU ZAI NYO SOU RO
- E NICHI NOU SHOU JO ZE KO
 OU SHI SHIN SAN GE ROKU JOU KON

SANBUJO – Invocación (Gassho) ***
BU JOU MI DA NYO RAI NIU DOU JOU SAN GE RA KU
BU JOU SHA KA NYO RAI NIU DOU JOU SAN GE RA KU
BU JO JI-PPO NYO RAI NIU DOU JOU SAN GE RA KU *

SHISHINRAI – Homenaje a los Tres Tesoros
(Gassho)
ISSHIN KEI REI NA MU SHI HŌ-SEI SHŌ CHIU FU
*

ISSHIN KEI REI NA MU SHI HŌ-SEI SHŌ CHIU HŌ
*

ISSHIN KEI REI NA MU SHI HŌ-SEI SHŌ CHIU SŌ
*

KAIKYOGE *
MU JŌ JIN JIN MI MYŌ HŌ*

171

HYAKU SEN MAN GŌ NAN SŌ GU
GA KON KEN MON TOKU JU JI*
GAN GE NYO RAI SHIN JITSU GI
El más profundo, maravilloso e insuperable Dharma está
presente en este Sutra. Este Sutra es difícil de encontrar, incluso
en miles de millones de eras. Ahora somos capaces de ver,
escuchar, recibir y mantener este Sutra. Que podamos entender
la más excelente de las enseñanzas del Tathághata.

KOU NEMBUTSU (Gassho) *
NAMU AMIDA BUTSU (10x)

AMIDA KYO – Sutra del Buda Amida *****
BUS SETSU A MI DA KYO - NYO ZE GA MON ICHI JI
BUTSU ZAI SHA E KOKU GI JYU GI KKO DOKU ON
YO DAI BI KU SHU SEN NI HYAKU GO JYUU NIN KU
KAI ZE DAI A RA KAN SHU SHO CHI SHIKI CHORO
SHA RI HOTSU MA KA MO KEN REN MA KA KA SHO
MA KA KA SEN NEN MA KA KU CHI RA RI HA DA
SHU RI HAN DA KA NAN DA A NAN DA RA GO RA
KYO BON HA DAI BIN ZU RU HA RA DA KA RU DA I
MA KA KO HIN NA HA KU RA A NU RU DA NYO ZE
TO SHO DAI DE SHI BYO SHO BO SATSU MA KA
SATSU MON JYU SHI RI HO O JI A I TA BO SATSU KEN
DA KA DAI BO SATSU JO SHO JIN BO SATSU YO NYO
ZE TO SHO DAI BO SATSU GYU SHAKU DAI KAN NIN
TO MU RYO SHO TEN DAI SHU KU

NI JI BUTSU GO CHO RO SHA RI HOTSU JYU ZE SAI
HO KAJ YU MAN NOKU BUTSU DO U SE KAI NYO
WATSU GOKU RAKU GO DO U BUTSU GO A MI DA
KON GEN ZAI SEP PO SHA RI HOTSU HI DO GA KO
NYOU I GOKU RAKU GO KOKU SHU JYO MU U SHU

KU TAN JYU SHO RAKU KO MYO GOKU RAKU U SHA
RI HOTSU GOKURA KOKUDO SHICHI JYU RAN JYUN
SHICHI JYU RA MOU SHICHI JYU GO JYU KAI ZE SHI
HOU SHU SO IN YO ZE KO HI KOKU MYO WATSU
GOKU RAKU

U SHA RI HOTSU GOKU RA KOKU DO U SHI PO CHI
HA KU DOKU SUI JYU MAN GO CHU CHI TE JYU NI
KON SHA FU JI SHI HEN KAI DO KON GON RU RI HA
RI GO JYO JYO U RO KAKU YAKUI KON GON RU RI
HA RI SHA KO SHAKU SHU MEN OU NI GON JIKI SHI
CHI CHU REN GE DAI NYO SHA RI SHO SHIKI SHO
KO O SHIKI O KO SHAKU SHIKI SHA KO BYAKU
SHIKI BYA KO MI MYO KO KETSU SHA RI HOTSU
GOKU RA KOKU DO JYO JYU NYO ZE KU DOKU SHO
GON

U SHA RI HOTSU HI BU KOKUDO JYO SA TEN GAKU
O GO NI JI CHU YA ROKU JI NI U MAN DA RA KE GO
KOKU SHU JYO JYO I SHO TAN KAKU I E KOKU JYO
SHU NYO KE KU YO TA HO JYU MAN OKU BUTSU
SOKU I JIKI JI GEN TO HON GOKU BON JIKI KYO
GYO SHA RI HOTSU GOKURA KOKUDO JYO JYU
NYO ZE KU DOKU SHO GON

BU SHI SHA RI HOTSU HI KOKU JYO U SHU JYU KIM
YO ZA SHIKI SHI CHO BYA KO KU JYAKU O MU SHA
RI KA RYO BIN GA GU MYO SHI CHO ZE SHO SHU
CHO CHU YA ROKU JI SHUTSU WA GE ON GO ON EN
CHO GO KON GO RIKI SHICHI BO DAI BUN HA SHO
DO BUN NYO ZE TO HO GO DO SHU JYO MON ZE
ON NI KAI SHITSU NEN BUTSU NEN PON EN SO SHA
RI HOTSU NYO MOTSU I SHI CHO JITSU ZE ZAI HO

SHO SHO SHO I SHA GA HI BU KOKU DO MU SAN
NAKU SHU SHA RI HOTSU GO BU KOKU DO SHO MU
SAN AKU DO SHIN MYO GA KYO U JITSU ZE SHO
SHU CHO KAI ZE A MI DA BUTSU YOKU RYO HO ON
SEN RU HEN GE SHO SA SHA RI HOTSU HI BU KOKU
DO MI FU SUI DO SHO HO GO JYU GYU HO RA MO
SHUTSU MI MYO ON HI NYO HYAKU SEN JYU GAKU
DO JI KU SA MON ZE ON SHA KAI JI NEN SHO NEN
BUTSU NEN PO NEN SO SHI SHIN SHA RI HOTSU GO
BU KOKU DO JYO JYU NYO ZE KU DOKU SHO GON

SHA RI HOTSU O NYO I UN GA HI BUTSU GA KO GO
A MI DA SHA RI HOTSU HI BU KO MYO MU RYO SHO
JI PO KOKU MU SHO SHO GE ZE KO GO I A MI DA U
SHA RI HOTSU HI BUTSU JYU MYO GYU GO NIN MIN
MU RYO MU HEN A SO GI KO KO MYO A MI DA SHA
RI HOTSU A MI DA BUTSU JYO BUTSU I RAI O KON JI
KO U SHA RI HOTSU HI BUTSU U MU RYO MU HEN
SHO MON DE SHI KAI A RA KAN HI ZE SAN JYU SHI
SHO NO CHI SHO BO SA SHU YAKU BU NYO ZE SHA
RI HOTSU HI BU KOKU DO JYO JYU NYO ZE KU
DOKU   SHO   GON

U SHA RI HOTSU GOKU RA KOKU DO SHU JYO SHO
JYA KAI ZE A BI BA CHI GO CHU TA U I SHO FU SHO
GO SHU JIN TA HI ZE SAN JYU SHO NO CHI SHI TAN
KA I MU RYO MU HEN A SO GI KO SETSU SHA RI
HOTSU SHU JYO MON JYA O TON HOTSU GAN GAN
SHO HI KOKU SHO I SHA GA TOKU YO NYO ZE SHO
JYO ZE NIN KU YE I SHO SHA RI HOTSU FU KA I SHO
ZEN GON FUKU TOKU I NEN TOKU SHO HI KOKU

SHA RI HOTSU NYAKU U ZEN NAN SHI ZEN NYO
NIN MON ZETSU A MI DA BUTSU SHU JI MYO GO
NYA KU ICHI NICHI NYA KU NI NICHI NYA KU SAN
NICHI NYA KU SHI NICHI NYA KU GON NICHI NYA
KU ROKU NICHI NYA KU SHICHI NICHI I SHIN FU
RAN GON IN RIN MYO JYU JI A MI DA BUTSU YO SHO
SHO JYU GEN ZAI GO ZEN ZEN IN JYU JI SHIN PU
TEN DO SOKU TOKU O JYO A MI DA BUTSU GO
KURA KOKU DO SHA RI HOTSU GA KEN ZE RI KO SE
SHI GON NYAKU FU SHU JYO MON ZE SE SHA O TO
HOTSU GAN SHO HI KOKU DO

SHA RI HOTSU NYO GA KON JYA SAN DAN A MI DA
BUTSU FU KA SHI GI KU DOKU TO BO YAKU U A
SHUKU BI BUTSU SHU MI SO BUTSU DAI SHU MI
BUTSU SHU MI KO BUTSU MYO ON BUTSU NYO ZE
TO GO GA SHA SHU SHO BUTSU KAKU O GO KOKU
SHU KO JYO ZE SO HEN BU SAN ZEN DAI SEN SE
KAI SETSU JYO JITSU GON NYO TO SHU JYO TO
SHIN ZE SHO SAN FU KA SHI GI KU DOKU IS SAI SHO
BUTSU SHO GON EN GYO

SHA RI HOTSU NAN BO SE KAI U NICHI GA TO
BUTSU MYO MON KO BUTSU DAI EN KEN BUTSU
SHU MI TO BUTSU MU RYO SHO JIN BUTSU NYO ZE
TO GO GA SHA SHU SHO BUTSU KAKU O GO KOKU
SHU KO JYO ZE SO HEN BU SAN ZEN DAI SEN SE
KAI SETSU JYO JITSU GON NYO TO SHU JYO TO
SHIN ZE SHO SAN BU KA SHI GI KU DOKU I SAI SHO
BUTSU SHO GO NEN GYO

SHA RI HOTSU SAI HO SE KAI U MU RYO JYU BUTSU
MU RYO SO BUTSU MU RYO DO BUTSU DAI KO

BUTSU DAI MYO BUTSU HO SO BUTSU JYO KO
BUTSU NYO ZE TO GO GA SHA SHU SHO BUTSU
KAKU O GO KOKU SHU KO JYO ZETS SO HEN PU
SAN ZEN DAI SEN SE KAI SETSU JYO JITSU GON NYO
TO SHU JYO TO SHIN ZE SHO SAN BU KA SHI GI KU
DOKU I SAI SHO BUTSU SHO GO NEN GYO

SHARI HOTSU HO PO SE KAI U EN KEN BUTSU SAI
SHO ON BUTSU NAN SO BUTSU NI SHO BUTSU MO
MYO BUTSU NYO ZE TO GO GA SHA SHU SHO BUTSU
KAKU O GO KOKU SHU KO JYO ZE SO HEN BU SAN
ZEN DAI SEN SE KAI SETSU JYO JITSU GON NYO TO
SHU JYO TO SHIN ZE SHO SAN BU KA SHI GI KU
DOKU I SAI SHO BUTSU SHO GO NEN GYO

SHA RI HOTSU GE HO SE KAI U SHI SHI BUTSU MYO
MON BUTSU MYO KO BUTSU TATSUMA BUTSU HO
DO BUTSU JI HO BUTSU NYO ZE TO GO GA SHA SHU
SHO BUTSU KAKU O GO KOKU SHU KO JYO ZE SO
HEN BU SAN ZEN DAI SEN SE KAI SETSU JYO JITSU
GON NYO TO SHU JYO TO SHIN ZE SHO SAN BU KA
SHI GI KU DOKU I SAI SHO BUTSU SHO GO NEN
GYO

SHA RI HOTSU JYO HO SE KAI U BON NON BUTSU
SHUKU O BUTSU KO JYO BUTSU KO KO BUTSU DAI
EN KEN BUTSU ZA SHIKI HO KE GON SHIN BUTSU
SHA RA JYU O BUTSU HO KE TOKU BUTSU KEN I SAI
GI BUTSU NYO SHU MI SEN BUTSU NYO ZE TO GO
GA SHA SHU SHO BUTSU KAKU O GO KOKU SHU KO
JYO ZE SO HEN BU SAN ZEN DAI SEN SE KAI SETSU
JYO JITSU GON NYO TO SHU JYO TO SHIN ZE SHO

SAN BU KA SHI GI KU DOKU I SAI SHO BUTSU SHO
GO NEN GYO

SHA RI HOTSU O NYO I UN GA GA KO MYO I I SAI
SHO BUTSU SHO GO NEN GYO SHA RI HOTSU
NYAKU U ZEN NAN SHI ZEN NYO NIN MON ZE SHO
BUTSU SHO SETSU MYO GYU KYO MYO SHA ZE SHO
ZEN NAN SHI ZEN NYO NIN KAI I I SAI SHO BUTSU
GU SHO GO NEN KAI TOKU FU TAI TEN O AN OKU
TA RA SAN MYAKU SAN BO DAI ZE KO SHA RI
HOTSU NYO TO KAI TO SHIN JYU GA GO GI SHO BU
SHO SETSU SHA RI HOTSU NYAKU U NIN I HOTSU
GAN KON BOTSU GAN TO HOTSU GAN YOKU SHO A
MI DA BU KOKUSHA ZE SHO NIN TO KAI TOKU FU
TAI TEN O AN OKU TA RA SAN MYAKU SAN BO DAI
O HI KOKU DO NYAKU I SHO NYA KON JYO NYAKU
TO JYO ZE KO SHA RI HOTSU SHO ZEN NAN SHI
ZEN NYO NI NYAKU U SHIN JYA O TO HOTSU GAN
SHO HI KOKU DO

SHA RI HOTSU NYO GA KON JYA SHO SAN SHO
BUTSU FU KA SHI GI KU DOKU HI SHO BU TO YAKU
SHO SETSU GA FU KA SHI GI KU DOKU NI SA ZE
GON SHA KA MU NI BUTSU NO I JIN NAN KE U SHI JI
NO O SHA BA KOKU DO GO JYOKU AKU SE KO
JYOKU KEN JYOKU BON NO JYOKU SHU JYO JYOKU
MYO JYOKU CHU TOKU A NOKU TA RA SAN MYAKU
SAN BO DAI I SHO SHU JYO SETSU ZE I SAI SE KEN
NAN SHIN SHI HO SHA RI HOTSU TO CHI GA O GO
JYOKU AKU SE GYO SHIN AN JI TOKU AN OKUTA RA
SAN MYAKU SAN BO DAI I I SAI SE KEN SE SHIN AN
SHIN SHI HO ZE I JIN NAN BU SE SHI KYO I SHA RI
HOTSU GYU SHO BI KU I SAI SE KEN TEN NIN A SHU

RA TO MON BU SHO SETSU KAN GI SHIN SHU SA RA I
NI KO BU SETSU A MI DA KYO ***

KOU NEMBUTSU (Gassho) *
NAMU AMIDA BUTSU (10x)

JUSEIGE – **Votos Sagrados de Amida** *****
GA GON CHO SE GAN
HIS-SHI MU JO DO
SHI GAN FU MAN ZOKU
SEI FU JO SHO GAKU

GA O MU RYO KO
FU I DAI SE SHU
FU SAI SHO BIN GU
SEI FU JO SHO GAKU

GA SHI JO BUTSU DO
MYO SHO CHO JIP-PO
KU KYO MI SHO MON
SEI FU JO SHO GAKU

RI YOKU JIN SHO NEN
JO E SHU BON GYO
SHI GU MU JO DO
I SHO TEN NIN SHI

JIN RIKI EN DAI KO
FU SHO MU SAI DO
SHO JO SAN KU MYO
KO SAI SHU YAKU NAN

KAI HI CHI E GEN

MES-SHI KON MO AN
HEI SOKU SHO AKU DO
TSU DATSU ZEN SHU MON

KO SO JO MAN ZOKU
I YO RO JIP-PO
NICHI GATSU SHU JU KI
TEN KO ON PU GEN

ISHU KAI HO ZO
KO SE KU DOKU HO
JO O DAI SHU CHU
SEP-PO SHI SHI KU

KU YO IS-SAI BUTSU
GU SOKU SHU TOKU HON
GAN E SHITSU JO MAN
TOKU I SAN GAI O

NYO BUTSU MU GE CHI
TSU DATSU MI FU SHO
GAN GA KU E RIKI
TO SHI SAI SHO SON

SHI GAN NYAK-KO KA
DAI SEN O KAN DO
KO KU SHO TEN NIN
TO U CHIN MYO KE

JUNIRAI – Doce Adoraciones al Buda Amida *****
KEI SHU TEN NIN SHO KU GYO
A MI DA SEN RYO ZOKU SON
ZAI HI MI MYO AN RAKU KOKU

179

MU RYO BUSHI SHU I NYO

KON JIKI SHIN JO NYO SEN NO
SHA MA TA GYO NYO ZO BU
RYO MOKU JO NYAKU SHO REN GE
KO GA CHO RAI MI DA SON

MEN ZEN EN JO NYO MAN GATSU
I KO YU NYO SEN NICHI GATSU
SHO NYO TEN KU KU SHI RA
KO GA CHO RAI MI DA SON

KWAN NON CHO DAI KWAN CHU JU
SHU JU MYO SO HO SHO GON
NO BUKU GE DO MA KYO MAN
KO GA CHO RAI MI DA SON

MU BI MU KU KO SHO JO
SHU TOKU KYO KETSU NYO KO KU
SHO SA RI YAKU TOKU JI ZAI
KO GA CHO RAI MI DA SON

JIPPO MYO MON BO SASSHU
MU RYO SHO MA JO SAN DAN
ISHO SHU JO GAN RIKI JU
KO GA CHO RAI MI DA SON

KON TAI HO KEN CHI SHO KE
ZEN GON SHO JO MYO DAI ZA
O HI ZA JO NYO SEN NO
KO GA CHO RAI MI DA SON

JIPPO SHO RAI SHO BUSSHI

KEN GEN JIN ZU SHI AN RAKU
SEN GO SON GEN JO KU GYO
KO GA CHO RAI MI DA SON

SHO U MU JO MU GA TO
YAKU NYO SUI GATSU DEN YO RO
I SHU SEPPO MU MYO JI
KO GA CHO RAI MI DA SON

HI SON BUSSETSU MU AKU MYO
YAKU MU NYO NIN AKU DO FLI
SHU NIN SHI SHIN KYO HI SON
KO GA CHO RAI MI DA SON

HI SON MU RYO HO BEN KYO
MU U SHO SHU AKU CHI SHIKI
O JO FU TAI SHI BO DAI
KO GA CHO RAI MI DA SON

GA SETSU HI SON KU DOKU JI
SHU ZEN MU HEN NYO KAI SUI
SHO GYAKU ZEN GON SHO JO SHA
E SE SHU JO SHO HI KOKU

KOU NEMBUTSU (Gassho) *
NAMU AMIDA BUTSU (10x)

EKOKU – Transferencia de Méritos (Gassho) ***
GAN NI SHII KU DO KU
BYO DO SE ISSAI
DO HON BO DAI SHIN
O JO U AN RA KOKU

VISUALIZACIÓN DE LA TIERRA PURA

A. Siéntese cómo en su Zabuton en la posición de loto. Respire tranquilamente y libere su mente de todo pensamiento y obstrucción.

Toque la campana. Si desea, puede recitar el Nembutsu en este momento o durante toda la visualización: Namu Amida Butsu.

B. Una vez haya calmado su mente, comience la siguiente visualización:

1) Visualice el sol (nissokan) poniéndose sobre el horizonte en el océano, hasta que todo se encuentre en oscuridad. Esto proveerá un canvas sobre el cual comenzará a construir la Tierra Pura del Buda Amida.

2) Visualice el agua (suisokan), lagos cristalinos de agua clara, con arena de oro. Sobre los lagos hay flores de lotos hechas de joyas preciosas.

3) Visualice el terreno de la Tierra Pura (chisokan) - Esta visualización meditativa tiene como objetivo lograr una visión clara de las siete tierras enjoyadas de la Tierra Pura. El pasto esta hecho de esmeralda, las flores de piedras preciosas.

4) Visualice los árboles enjoyados de la Tierra Pura (hojukan) - comience visualizando el tronco de los árboles y luego sucesivamente las ramas, hojas, flores, frutos, y finalmente toda una arboleda de dichos árboles. Todos hechos de esmeraldas, con frutos hechos de piedras preciosas.

5) Visualice los estanques enjoyados de la Tierra Pura (hochikan) - Según el Sutra del Buda Amida (corto), estos

estanques se llenan de aguas que contienen las ocho virtudes budistas. De acuerdo con el Sutra de la Vida Inmensurable (largo), en los sonidos de las olas se puede escuchar la predicación del Dharma. En los estanques hay flores de loto hechas de piedras preciosas y de todos los colores. Estas flores preciosas emiten rayos de luz de muchos colores.

6) Visualice las torres de piedras preciosas de la Tierra Pura (horokakukan) - Si uno visualiza estas torres adecuadamente, se puede escuchar la música celestial que emana de las torres de la Tierra Pura. Estas torres contienen pabellones hechos de los siete metales (oro, plata, bronce, cobre, etc.) y los seres en ellos tocan música celestial.

7) Visualice los tronos de flor de loto del Buda Amida y sus dos Bodhisattvas (Kannon y Seishi) (kezakan) - Esta meditación tiene el objetivo de visualizar las hojas de loto, las flores, los rayos de luz de los tronos flor de loto y los diversos frutos de la Tierra Pura.

8) Visualice la imagen del Buda Amida (zosokan) acompañado de sus dos Bodhisattvas Avalokiteshvara (Kannon), y Mahasthamaprapta (Seishi) que se sientan en los tronos de la flor de loto.

9) Visualice [el cuerpo completo] del Buda Amida (Amidabutsukan) – Vea con detalle completo del Buda Amida con los rayos de luz que emanan de su cuerpo. Esta meditación es considerada como el samadhi de ver al Buda.

10) Visualice al Bodhisattva Avalokiteshvara (Kannonkan)

11) Visualice al Bodhisattva Mahasthamaprapta (Seishikan)

12) Visualice su propio renacimiento en la Tierra Pura (fuojokan) - visualice la totalidad de la Tierra Pura como si uno ya hubiera nacido allí en una flor de loto.

13) Visualice los múltiples aspectos de la salvación universal del Buda Amida (zosokan) - En su meditación, el practicante debe de visualizar todos los detalles de la salvación universal del Buda Amida, no sólo en su Tierra Pura, sino en todas las tierras del Buda, situadas en las diez direcciones.

Sostenga estas imágenes en su mente; usted se encuentra allí; usted ha sido salvado por el Buda Amida.

C. Recite el Nembutsu tres veces. Toque la campana. Haga una leve postración. Sostenga una mente llena de compasión por el resto del día.

KOU NEMBUTSU (Gassho) *
NAMU AMIDA BUTSU

EKO KADA – Partida y Transferencia (Gassho) *
SHO BUTSU ZUI ES GEN PON GOKU
FU SAN KO KE SHIN SO BUTSU
GAN BUTSU JI SHIN YO GO NEN
DO SHO SO KAN JIN SHU RAI (***)

Templo Tendai de Puerto Rico

La Escuela Tendai del Budismo es una de las sectas más importantes del Budismo japonés, establecida en el Siglo VIII EC. Sus orígenes están firmemente arraigados tanto en el Dharma enseñado por el Buda Shakyamuni - el Buda histórico - , así como la escuela Mahayana del Budismo y la doctrina budista T'ien-t'ai de China.

Esta escuela saca su nombre de la montaña sagrada en el sureste de China y popularizada por el filósofo, profesor y practicante Chih-I (538-597) y el monje japonés Saicho -Dengyo Daishi- (767-822). La escuela Tendai dio lugar a otras escuelas importantes del Budismo japonés, incluyendo el Jodo (Tierra Pura), Jodo Shinshu (Verdadera Tierra Pura), Soto Zen, Rinzai Zen y Nichiren. La historia del Budismo Tendai, por tanto, abarca las historias y las prácticas del Budismo Mahayana y Vajrayana (Esotérico) del Budismo japonés. Es por eso que en el Budismo Tendai puedes encontrar enseñanzas y prácticas de todas las ramas budistas japonesas.

185

A lo largo de su historia, que comienza en la China del siglo sexto y a través de sus 1.200 años en Japón, el Budismo Tendai ha incluido y armonizado todos los Sutras, enseñanzas y prácticas budistas. Ahora, el Budismo Tendai se introduce en Occidente de una manera auténtica, desde Estados Unidos a Puerto Rico, haciendo honor a esta larga historia y continuando el desarrollo del Dharma en una forma que exprese verdaderamente nuestra aspiración a la iluminación para el beneficio de todos los seres sintientes.

Somos una pequeña comunidad budista de sacerdotes y laicos que se dedica a celebrar las ceremonias tradicionales Tendai, practicar meditación y esparcir el Dharma en Puerto Rico y Latinoamérica.

Proveemos educación y entrenamiento para asistir al Gyo en el Tendai Betsuin de New York y ordenarse y registrarse en Enryakuji en Hieizan.

Le invitamos a unirse a nosotros en este viaje, para una visita o para toda la vida. Visita nuestra página de Facebook.

¿Qué es la Chinsei Hikari Bukkyo Kai?

Quienes somos

La Chinsei Hikari Bukkyo Kai, que significa Templo Budista de la Luz Serena, es una organización basada en el Budismo Japonés, que se dedica a llevar la palabra del Buda y sus enseñanzas a través de Puerto Rico y el Caribe, por medio de reuniones de diálogo, cursos y talleres.

Historia

La Chinsei Hikari Bukkyo Kai fue fundada Juan Laborde Crocela y Alvin Montañez Schilansky el 15 mayo del 2010, como el resultado de una inquietud de sus fundadores por la escasez de enseñanzas budistas reales en el idioma español, y por la creciente comercialización del Dharma en los Estados Unidos y el Occidente. Desde sus inicios, ha visto que las artes marciales japonesas, con su alto contenido de enseñanzas morales y éticas, basadas en el Budo y en el Budismo, podían ser el vehículo para lograr un cambio en nuestra sociedad, la cual está cada vez más sumida en la oscuridad de la ignorancia.

La Organización abarca una serie de proyectos, que incluyen no solo la enseñanza de las artes marciales japonesas, sino también una serie de artes culturales japonesas como el Shodo (caligrafía) y pinturas en Sumi, el arte y la ceremonia del

Té, el Ikebana (arreglo de flores), la meditación y la creación de un Templo Budista, donde se ordenan a aquellas personas que quieren tener un mayor compromiso con el Dharma.

Misión

El norte de la organización es y será siempre el llevar las enseñanzas del Buda a la sociedad, sobre todo a los jóvenes, para mejorar la situación actual que vivimos.

Actividades

La Chinsei Hikari Bukkyo Kai cuanta con una serie de actividades que incluyen: Reuniones de Dialogo, Cursos, Charlas y Talleres sobre meditación, el Dharma y el Budo.

Las Reuniones de Dialogo son llevadas a cabo por el Sangha de Puerto Rico, y se reúnen periódicamente para lograr que todos sus miembros tengan una buen fundamento en el Dharma y como ponerlo en acción en sus vidas. Los cursos y talleres son dados de acuerdo a la necesidad de los mismos.

Artes Culturales y Japonesas

Además de ensenar caligrafía japonesa, el arte y la ceremonia del Te, Ikebana, meditación y artes marciales, la Organización se reúne cada día festivo Shinto y Budista para celebrar los ciclos del año y brindar un refugio temporero al ciclo cotidiano de nuestras vidas comunes.

Artes Marciales

La organización reúne dentro de si, una serie de escuelas de artes marciales japonesas.

Contacto

Si deseas aprender más sobre el Budismo y las Artes Marciales Japonesas, puedes enviar un correo electrónico a: temploluzserena@gmail.com

Glosario

Amida Buda - Literalmente, el Buda de la vida inmensurable (Amitayus, que simboliza la compasión) y Luz inconmensurable (Amitabha, simbolizando la sabiduría). Amida no es una especie de dios sino una actividad salvífica dinámica que lleva a una persona a la suprema iluminación a través de la luz, el resplandor de la verdadera sabiduría (prajña), iluminando los rincones más oscuros del ser y del mundo para transformar el karma negativo en karma positivo por el poder de la compasión (karuna).

Camino de la Tierra Pura - La tradición de la Tierra Pura, abierta a todas las personas independientemente de su clase, el género, la religiosidad, etc; en contraste con el Sendero de los Sabios, que es para unos pocos privilegiados conectado con las instituciones monásticas.

Cinco Transgresiones – Matar a tu padre, madre, monje budista, herir al Buda, y la creación de divisiones en la Sangha (Budismo Hinayana); destrozando templos, estatuas y escrituras, calumniar a la enseñanza, obstruyendo las prácticas religiosas, la violación de los cinco preceptos y cometer diez males (Budismo Mahayana).

Cuatro Prácticas Dichosas - El comportamiento apropiado en el cuerpo, la mente y el habla y el voto de conducir a todos los seres a la libertad.

Cuatro Modos de Nacimiento - Vidas producidas a partir de la matriz, de huevo, de microorganismos y de metamorfosis.

Comprendido para nunca ser abandonado - La verdadera compasión, que afirma el amor de Amida nunca dejara de luchar por nadie, de tal manera que no hay nadie que esté abandonado o rechazado.

Dharma - Un término clave en el Budismo, que tiene dos connotaciones: la realidad 1), ya que es, sinónimo de mismidad, talidad, materialidad, y así sucesivamente, y 2) la enseñanza que es una expresión de esta realidad, como el Dharma del Buda.

Dharmakaya - El cuerpo de la realidad se manifiesta como la compasión con el fin de aliviar el sufrimiento de los seres y transformar el karma negativo en positivo.

Honen (1133-1212) - una figura revolucionaria que fundó una escuela de Budismo Tierra Pura independiente (Jodo) en 1175 y fue el maestro de Shinran, fundador del Budismo Shin.

Males Kármicos - La condición humana fundamental de la ignorancia insondable que limita nuestra libertad, que es el objeto principal del Voto Primal, que alcanza su profundidad y los efectos de la transformación de lo negativo a positivo.

Monte Hiei - Centro monástico de la escuela Tendai, que produce los principales reformadores del Japón del siglo 13, incluyendo Honen, Shinran, Dogen, Nichiren y otros.

Nacimiento (ojo) - Abreviatura de "va a nacer en la Tierra Pura", que es interpretado por Shinran en un doble sentido: 1) despertar instantáneo, aquí y ahora, se produce con Shinjin o la confianza verdadera; y 2) el logro de la Budeidad en el momento de la muerte cuando uno arroja todas las limitaciones kármicas y se convierte en uno con la vida inmensurable para comenzar la obra salvífica en el Samsara de liberar a todos los seres.

Naturalidad (jinen) - Un término favorecido por Shinran que tiene varias connotaciones: 1) la transformación por el poder de la verdadera compasión, 2) proceso natural de una persona, inevitablemente de lograr la iluminación suprema, y 3) la propia Budeidad sin forma.

Nembutsu - El término se utiliza de diversas formas en la tradición budista. Originalmente, significaba la contemplación en el Buda, pero en budismo de la Tierra Pura, que se utiliza como sigue: 1) la recitación del Nombre como el llamado señas del Buda Amida, 2) la libre articulación de la realidad informando la conciencia humana, y 3) la fundamental la causa de la iluminación suprema para un ser tonto.

Nombre (myogo) - La articulación propia de la realidad entrar en el mundo de la conciencia humana, como Namu-Amida-Butsu. También se conoce como el nombre de seis letras o seis sílabas.

Otro Poder - El trabajo del Voto Primal de Amida allá de las categorías normales de sujeto y objeto, que se manifiesta la compasión que es la manifestación dinámica del sunyata (vacío).

Pasión ciega (bonno) - El arraigado e imborrable egocentrismo contenido en el inconsciente, que es uno con el cuerpo, causando aflicciones mentales, emocionales y físicas, que ninguna cantidad de prácticas pueden superar.

Poder Propio - La mente calculadora de los seres no iluminados que erróneamente creen en su capacidad para lograr la iluminación suprema. Basándose en esta ilusión, más se esfuerzan en el camino, más se hunden en el samsara.

Práctica sin esfuerzo - El Nembutsu es una práctica sin esfuerzo, ya que está libre de cálculos egoístas. Aunque ningún esfuerzo especial, como la renuncia, el celibato, la práctica de la meditación, y así sucesivamente son requieras, una inmensa lucha interna se produce antes de alcanzar la vida de la espontaneidad, la naturalidad y la gratitud en el Nembutsu.

Seis Reinos de Existencia - Los reinos del infierno, espíritus hambrientos, animales, demonios que luchan, los seres humanos, y los seres celestiales, que describen los diferentes ciclos del Samsara.

Ser tonto (bonbu) - Descriptivo de los seres humanos con destino a sin rumbo, atados s la vida del Samsara por la ignorancia radical y la pasión ciega. No es posible alcanzar la liberación por cualquier práctica religiosa, los que no saben es tanto más se convierte en el objeto principal del Voto Primal.

Tathagata - Literalmente, "por lo tanto, viene" del mundo de la iluminación para efectuar la salvación de todos los seres. Sinónimo de Buda, que se utiliza en forma de compuesto como Amida Tathagata (Amida Nyorai).

Tierra de Cumplimiento, o de la verdadera realización (hodo) - La Tierra Pura del Buda Amida, que fue creada por el cumplimiento de los 48 votos. También llamada la Tierra de la Luz Inconmensurable, que simboliza la sabiduría que ilumina los rincones más oscuros de la existencia humana.

Total Entrega (Shinjin) - La experiencia central del Budismo Shin donde un ser finito se entrega completamente a la vida inmensurable y Luz a través del poder de la verdadera compasión.

Un momento de pensamiento (ichinen) - El instante en que uno despierta a la obra del Voto Primal, habiendo sido nunca comprendieron que ser abandonado. Ese momento de pensamiento es el momento de la realización del uno mismo de la realidad cuando se rompe a través del tiempo sin tiempo.

Un vehículo - Un término clave en el Sutra del Loto, que busca unificar los diversos caminos budistas en un solo vehículo.
Voto Primal (hongan) - El deseo de trascendencia y la oración del Buda de la vida inmensurable y Luz para traer a todos los seres a la iluminación suprema, incluida la facultad de efectuar su realización exitosa en el medio de la vida del Samsara.

Sobre el Autor

El Maestro Myoren es sacerdote budista Tendai, y ha estudiado religiones y filosofías de todo el mundo desde muy temprana edad. Es co-fundador de la Chinsei Hikari Bukkyo Kai, una organización basada en el Budismo Tendai, cuya misión es llevar las enseñanzas del Buda a todos los hispano-hablantes del Caribe y América Latina. También es el fundador y Abad del Templo Tendai de Puerto Rico.

Actualmente, es abogado y Sacerdote Budista Tendai, Capellán Budista Certificado y Maestro de Artes Marciales Japonesas (Ninjutsu y Iaido). Se especializa en las enseñanzas del Sutra del Loto y Shin (Tierra Pura). Es autor de varios libros sobre Budismo y Artes Marciales como "El Árbol de la Iluminación: Una Introducción a las Enseñanzas del Buda"; "La Escuela del Loto: Las Enseñanzas del Budismo Tendai"; y "Mahavairocana: La Esencia del Budismo Esotérico".

Visita su Blog en: http://maestromyoren.blogspot.com

菩
薩

Verso de Transferencia de Meritos

"Que los méritos y las virtudes acumuladas por este trabajo,
adornen las tierras Puras de los Budas, repagando los cuatro
tipos de gratitud debidos, y ayudando a aquellos sufriendo en
los Caminos Bajos. Que todos los que vean o escuchen el
Buddhadharma, se propongan alcanzar la Iluminación, y que
cuando este cuerpo de retribución llegue a su fin, renazcamos
todos en la Luz de Infinito Amor y Compasión".